郎咸平说

萧条下的希望

郎咸平
马行空 著

人民东方出版传媒
東方出版社

序　言　砸碎束缚中国企业发展的十条枷锁

各位读者，几年来，我一直以中立的立场，通过电视节目和图书，评论行政当局的经济政策。而这些评论，一直是以批判的视角进行的，其目的就是要不断地提醒当局，如果中国没有一个好的营商环境，就不可能取得正常发展。我在《郎咸平说：中国经济到了最危险的边缘》一书中，分析了中国经济在各个方面遇到的危机，我相信其中的观点引起了政府和企业界人士的高度重视，其中很多观点也在十八届三中全会的决定中得到了印证。我在上一本新书《郎咸平说：改革如何再出发》中，讲述了中央试图通过不断压缩政府权力，给市场释放更大的空间。我个人认为，三中全会的决定，是目前我看到的中共历史上最靠谱的决定，因为这个决定试图给市场创造一个比较好的营商环境，这也是我多年来一直呼吁的。我在《郎咸平说：新帝国主义在中国》两本书中，讲述了作为中国政府和企业，应该如何面对国际营商环境，通过中国与国际经济交往的案例，告诉大家国际营商环境是多么的恶劣，面对国际市场，我们的水平还差得很远很远。那么具体到企业微观层面，我在《产业链阴谋》三本书中，以大量案例的形式，利用公司财务分析的方法，得出了中国极其欠缺的“六加一”产业链理论。到今天为止，我仍然认为，这是指导中国企业参与市场竞争的最简明最有效的战略。在过去的七八年当中，我出版了近20本案例书，通过对50多个行业的案例进行分析，得出了对各个行业发展战略的思考性结论，我收到了很多企业的反馈，令人感到欣慰的是，这些案例书指导很多企业进行了成功的转型。

在新的政策性营商环境下，在中国经济面临全面衰退的大背景下，当政府逐步给市场让出空间后，作为企业该如何抓住这次机会，变危机为机遇？这就是写作本书的目的，我希望透过本书，我们中国的企业在经济萧条的大环境下，能够看到或者找到自己的希望。

2013年，不论是对中国还是世界而言，仍然是非常有意思的一年。尽管在本书出版的时候，2014年已经过半，但我仍然坚信自己对2013年的检视和判断没有错误，事实上近半年的变化已经印证了我的判断，那就是世界大势和中国经济在上演着“乱”、“稳”和“变”的变奏曲。作为管理者和经营者，甚至普通的老百姓，如果不能把握和判断世界大势的变化规律，我很难相信他们会做出正确的决策。这就是本书第一章“2013年的变奏曲：乱、稳和变”阐述的内容。作为政府管理层和企业决策者，必须知道我们面临的危机有多么严重。我近年来一直在强调，制造业是立国之本，没有制造业的发达，就没有服务业的发展。可惜我们的制造业不仅仅面临产能过剩的危机，还面临着产业链低端和走不出去的窘状。我在本书的第二章“萧条已是大势所趋”，通过大量数据告诉各位，我们的制造业和其他行业已经全面衰退，说得更准确点，就是萧条已经悄然来临，这就是我们今天的经济实景。作为一个负责任的经济学家，我不能说假话。

2013年，中国发生的最重要的事件就是十八届三中全会的召开。我在《郎咸平说：改革如何再出发》一书中，从经济民生的角度解读了三中全会决定的三个灵魂，那就是：厘定政府与市场的关系、政府与社会的关系以及中央和地方的关系。那么，想要真正厘清这些关系容易吗？就我们今天经济萧条的局面来说，生产成本持续上升只是表层原因，深层原因则是“政府与市场的关系”错位造成的，也就是习近平总书记最近所说的“看得见的手”和“看不见的手”都没用好的结果。我在本书的第三章“走出萧条的希望：砸碎束缚中国企业的十条枷锁”，试图从厘定政府与市场的关系方面给出路径和答案。这些问题如果不解决，三中全会经济方面的决策就会成为一纸空文，这次改革就会演变为资本权贵们的盛宴，支撑中国经济社会稳定的中小企业就会沦为奴隶。砸碎这十大枷锁，就是破解中国经济萧条的最大希望。我一直强调，没有萧条的行业，只有萧条的企业，企业的发展还是要靠真功夫。我希望透过本书第四章“企业该何去何从”，以李嘉诚和中国家族企业传承问题等为案例，来验证我的这一观点。

从本书第五章到第十五章，我分别以光伏、大型机械、电子、汽车、电信、电子商务、照明、液晶、食品工业、服装和金融等十一大行业为例，来阐明我的观点：政府主导的所谓产业升级和转型以及结构调整都是错误的思维，政府能做的就是提供好的营商环境。而产业的升级转型和结构调整，市场本身自然会自我调节。

郎咸平

2014 年 5 月 10 日

目　录

第一章

2013 年的变奏曲：乱、稳和变

尽管在本书出版的时候，2014 年已经过半，但我还是觉得非常有必要对 2013 年做一个回顾和盘点。因为不了解和不理解 2013 年国际局势的“稳”和中国局势的“变”，你就无法理解 2014 年上半年国际和国内局势的“变局”。同时，作为经济决策者和产业经营者，你就无法把握未来产业格局的变化和趋势，你所做的任何决策都可能是错的。

2012 年我也曾经对国际局势做过一次盘点，我的结论就是“乱”。那么，2013 年到现在有什么不一样呢？我准备用这样两句话作为总结：国际局势由乱到稳，中国局势由乱到变。

第一节　国际局势：由乱到稳

大家应该都很清楚，2013 年之前这个世界有多么的混乱。美国 200 多年来打了 200 多场仗，几乎一年打一次，可以说美国是全世界最好战的国家。以前姑且不提，我们就看从 1990 年到现在，这个世界上爆发了多少次大型战争：1991 年的海湾战争，1993 年美国出兵索马里，1994 年美国出兵海地，1999 年美国轰炸南联盟，2001 年美国开打阿富汗战争，2003 年美国入侵伊拉克，2011 年则是以欧洲为主的国家在美国的支持之下打击利比亚。也就是说，在 2013 年之前，全世界的军事局面非常混乱。除此之外，还有一场没有硝烟的战争，就是现在广为人知的“阿拉伯之春”。

2002 年美国开始策划一场没有硝烟的战争——“阿拉伯革命”。美国派出一万多名网络推手，同时联合了很多 NGO，共同推动了一场所谓的“阿拉伯革命”。这些 NGO 包括美国国际发展署、全国民主基金会、国际共和学院、全国国际事务民主研究会、自由之家、开放社会学院等等。到了 2011 年，“阿拉伯之春”正式爆发，四个国家的政府因此被颠覆，包括利比亚、埃及、突尼斯和也门。美国希望通过“阿拉伯之春”行动激起年轻人对所谓当地独裁政府的不满，推翻专制体制，争取民主，甚至争取像美国一样的民主体制。当然，这只是表面上的理由。结果呢？这些当地所谓独裁政府解体之后，政局就陷入了更大的混乱，老百姓生命财产遭受到很大的损失。最后，非但没有实现美国式的民主，有的地方甚至被更激进的伊斯兰激进分子掌握了政权。

虽然所谓的“阿拉伯之春”颠覆了所在国的政府，但是并没有建立起美国所希望的像美国一样的民主制度来犒劳美国，反而渐行渐远，甚至在脱离美国，可以说是以失败告终。美国当局最后决定放弃中东重返亚洲，实施所谓的针对中国的“亚洲再平衡”战略。所以中东从这个时候开始，也就是从 2013 年开始，貌似维持着一份脆弱的和平。

一、叙利亚危机，中国开始亮剑了

但事实真的是这样吗？有这么简单吗？看看今天乌克兰的局势和中国南海的局势，你会想到什么？我要告诉各位的是，从 2013 年开始，国际大国开始亮出底牌了！

我们以叙利亚为例来解析一下。按照欧美大国的盘算，叙利亚 2013 年是应该爆发战争的。按照以往的惯例，美国首先会把拥有生化武器这个标签贴在叙利亚政府身上，接着承认叙利亚的反对派——全国联盟。事实上，到 2012 年为止，已经有包括美国、英国、德国、法国、沙特等在内的 18 个国家承认了这个所谓全国联盟的反对派。如果俄罗斯跟中国不介入的话，这场战争势必爆发，就像利比亚战争爆发一样，挡都挡不住。在俄罗斯看来，这些所谓的叙利亚反对派和车臣一样，就是恐怖分子的一个派别，而车臣分子的恐怖袭击更是给俄罗斯造成了重大伤害。所以俄罗斯的立场非常鲜明，它不能支持作为反对派的全国联盟。这样俄罗斯的态度就非常明确了，开始亮剑，亮出底牌了。具体来说，就是如果以美国为首的西方联盟支持全国联盟的话，那么俄罗斯必定会支持叙利亚政府军。

这么一来，过去所谓的冷战思维又爆发了，如果双方各自支持不同的阵营，俄罗斯支持政府军，以美国为首的欧美国家支持所谓的全国联盟，这场战争谁胜谁负将难以预测。俄罗斯亮剑之后也给了美国一个台阶下：你不是说叙利亚有生化武器吗？那好，让联合国派人来检查，如果发现的话当场销毁。这么一来就堵住了美国想要发动战争的借口，而美国也有了可以下台阶的面子，最后叙利亚危机就这样被化解了。

在这场叙利亚危机当中，中国跟俄罗斯是同时投反对票的，我对中国政府的这种亮剑行为非常赞同。正是因为美国、英国、德国、法国、中国、俄罗斯等这些大国统统亮剑的结果，双方才能一起来协调，在不伤害所有大国利益的前提下尽可能地避免战争。

只有亮剑才能够换取和平，一味的退缩只会导致战争。在叙利亚问题上，我终于看到中国政府在国际问题上开始明确表态了，开始有立场了，开始亮剑了。

二、东海防空识别区，中国再次亮剑

还有一件事值得一提，2013 年 11 月 23 日中国政府宣布在东海设立一个防空识别区。这个决策出来之后全世界一片哗然，为什么？因为涵盖了钓鱼岛。我知道有很多人不理解我们中国政府的这种行为：你这不是故意挑衅美国、挑衅日本吗？错了！我认为我们中国政府这是做了一件非常正确的事，那就是亮剑。中国政府的目的非常明确，就是要让全世界看到钓鱼岛就是有主权争议的岛屿。设立东海防空识别区之后，全世界都会问中国为什么要这么做，大家会不约而同地想到原来中国声称钓鱼岛是中国的，日本宣称是日本的，到最后就是各自宣称各自有主权。什么意思？就是钓鱼岛是有争议性的岛屿。这就是我们中国想要达到的目的，现在看来，这个目的确实达到了。

在此期间，澳大利亚在 2013 年 11 月 26 日发表了一个评论。澳大利亚外长说，“反对任何一方强行或单方面采取行动，改变东海现状，要求中国就有关决定的用意做出解释”。就在澳大利亚发表评论的同一天，美国派出两架 B52 轰炸机绕着东海防空识别区的沿线来回巡逻，中方也根据精确的识别进行全程跟踪，并且公布数据。言外之意是，我有实力把你打下来。最后的结果就是，全世界起码都得承认这是中国主张的防空识别区。这就是亮剑的结果。第二天也就是 11 月 27 日中国外交部发言人也进行了一次非常漂亮的发言：“澳方对中方划设东海防空识别区说三道四是完全错误的，中方不予接受，中方敦促澳方立即纠正错误。”这才是一个正常的态度，这才是一个亮剑的态度。像我们过去的态度我是绝对反对的，什么放弃主权争议、什么共同开发，这是做不到的，而且还会招来更大的麻烦。

比如说这一次，我们派了航空母舰到南海进行系统性的训练，那么我们的目的是什么，要亮什么剑，明确什么立场？就是因为这一点没有说清楚，反而给当地造成更大的紧张形势，最后美国也派了航空母舰来进行牵制。其实这种冲突是完全可以避免的。为什么？就是我们要说清楚在南海我们到底要什么。过去我们说九段线以内都是中国的，问题是光说不行，还需要亮剑。越南、马来西亚都在九段线之内侵占了不少岛屿，甚至还搞了移民上去，建了小学，还有菲律宾等国，像这些国家我们要怎么处理呢，我们的态度是什么？我们没有亮剑、没有表明立场，而是直接派辽宁号航母到南海去进行系统性的军事训练，最后的结果只会导致更大的冲突。我们必须亮剑，就像设立东海防空识别区一样，要让周边国家非常清楚地知道我们到底是什么态度。

如果我们真的坚持九段线之内是中国领土的话，那么对于九段线之内被越南等国所侵占的领土应该怎么办？坦白讲，其实走到这一步我们已经是骑虎难下了。这都是我们过去奉行的绥靖主义政策的结果——不求战、不求胜，没有立场，没有亮剑——所以导致今天一系列的麻烦。谈什么主权属我、搁置争议、共同开发，到最后越南、菲律宾也说主权属我、搁置你的争议，然后自己开发，结果变成这种情况了。

既然我们已经说出九段线之内是中国领土这句无法收回的话，那要怎么办呢？我个人的意见非常明确，就是用武力抢回，没有别的办法。美国是不会动武的，这是我经过大量的调研之后得出的结论。只有动武抢回才叫亮剑。南海情势跟东海情势是完全不一样的，不动武解决不了，只有动武才能够维护我们南海的和平安全和国家领土的完整。这就是我认为应该有的亮剑行为。

我们的不亮剑、没立场，其实已经给国际社会带来太多的不满和争议，如果再这么走下去，只会给国际社会造成更多的不满和麻烦。

三、过去我们为什么不亮剑

中国自加入联合国以来只行使了 8 次否决权，前苏联以及俄罗斯是 127 次，美国 83 次，英国 32 次，法国 18 次。我们这 8 次否决权，其中 3 次是在毛泽东时代，2 次是针对台湾问题，还有 3 次是跟俄罗斯一起否决。大家会发现，我们在联合国常任理事会有这么重要的位置，可我们除了对台湾问题真正表明立场之外，对其他事务基本是没有立场。没有立场的另一个表现就是弃权，我没有统计过我们究竟行使过多少次弃权，但我敢说次数肯定不会少。这里我想说的是，这种弃权、不表明立场的行为正是导致我们利益受损和乱的真正根源。

我想再以一个实例来说明我的观点，就是伊朗问题。伊朗为什么应该爆发战争而没有爆发战争，就是因为强权亮剑。2013 年 6 月份伊朗的温和派鲁哈尼上台了，到了 11 月，伊朗和六个国家签署了条约，然后停止了浓缩铀工作。这本身就是伊朗释放出的善意，为什么伊朗要这么做，因为欧美的底线已经非常清楚了，不准伊朗拥有核武器。问题是什么？问题是还有以色列的问题存在，因此这个问题搞得非常复杂。在小布什当政的时代，动不动就威胁要动武，这是使得伊朗核问题陷入僵局的真正原因，一方独大的美国亮剑而其他强国不亮剑的结果就是很可能爆发战争。

俄罗斯什么态度呢？这次它的态度非常明确，那就是一个强大的伊朗对于保证俄罗斯在中东的地位是有帮助的，因此俄罗斯完全反对以美国、欧洲为主导的对伊朗所谓的制裁甚至战争的威胁，但是俄罗斯又不希望伊朗过于强大并拥有核武器。所以俄罗斯的态度有两点：第一，维持一个强大的伊朗对俄罗斯是有利的，俄罗斯不希望伊朗被击溃，不希望伊朗发生战争；第二，伊朗又不能过于强大，不能拥有核武器，否则俄罗斯也是不放心的。因此，俄罗斯亮剑的结果反而取得和平。最后鲁哈尼上台以后与六国签订条约，美国国会有意见，说对伊朗还是不信任，可能会进一步制裁。美国总统奥巴马就说你们不要这么干，这样做会使事态进一步恶化，毕竟美国也希望解决危机。最后的结果就是，英国跟伊朗很可能恢复代办级的外交关系，制裁也可能会终止，法国对伊朗的制裁也可能会终止，因此欧盟对伊朗取消制裁应该只是一个时间问题，大家会发现伊朗问题最终慢慢走向了和平。为什么会这样？就是因为在美国和欧洲亮剑之后俄罗斯也亮剑了。

可我们对待伊朗问题还是像以前一样，态度不够明确，基本是没有立场，没有亮剑。大家一定都知道，伊朗这个国家对我们中国有多么重要，伊朗50%的石油都是出口给中国，对于中国而言10%的进口石油都是来自伊朗，因此中国跟伊朗之间在能源方面的关系，可以称为生命共同体。但是伊朗核问题爆发之后我们是怎么说的呢？说中国同伊朗的能源合作与核问题无关。怎么可能无关？这是非常有关系的，伊朗一旦被攻击我们就是直接的受害者，我们的利益就会受到损失。因此，我们应该像美国、俄罗斯一样亮剑，亮剑的目的就是为了维护中国的利益，维护中国老百姓的利益，这是唯一的考虑。你如果以自己的利益为前提的话，别人就不会怪你，这一点非常好理解。

从2008年6月份开始，就伊朗核问题进行的谈判达二十几次，中国都参加了，却一直是配角，就是因为我们没有表明立场。这让我感到大惑不解：你不表明立场，别人怎么晓得你想要什么，而别人不晓得你想要什么，最后的结果就是没有照顾到你的利益。就伊朗核问题来说，如果俄罗斯不亮剑的话，必然导致战争。这也是为什么在2013年之前爆发那么多战争的缘故，因为国际强权没有纷纷亮出底牌。

不管怎么讲，最终还是因为俄罗斯的亮剑以及鲁哈尼的上台缓解了局势，维持了伊朗的和平。这不就是一个奇迹嘛！之所以会有奇迹，就是因为整个国际局势已经由过去的乱，通过亮剑转变成今天的稳。

对中国周边地区麻烦问题的解决，我认为这次政府所提出的设立东海防空识别区的这种亮剑的做法，才是一个治本之道。要维持中国周边地区的稳定，最重要的就是我们必须表明立场，必须亮剑，我们不希望再看到中国对于重大议题提出弃权。你可以赞成，也可以反对，这都是立场，但是不能弃权，弃权就不是亮剑，而不亮剑必然导致局势的复杂化和恶化。

第二节　中国经济：由乱到变

如果用一句话来概括 2013 年国内经济形势，那就是由乱到变。十八届三中全会之前是乱，十八届三中全会之后开始变。

2008 年年底金融海啸爆发之后，美国、欧洲和中国分别采取了不同的策略，最后，美国复苏了，以德法为主的欧盟也复苏了，只有中国深陷萧条当中。因此十八届三中全会以及随后的中央经济工作会议的主题，就是为了解决 2008 年爆发金融海啸所带来的一切危机，解决过去五年来政策错误所导致的经济困局。所以就目前的经济乱局而言，“乱”字就是源于 2008 年的金融海啸，源于对金融海啸的处理不当。

一、制造业兴则经济兴

我们先看看中、美、欧是怎么处理 2008 年金融海啸的。

2008 年年底金融海啸爆发之后，2009 年 3 月份美国经济跌至谷底，陷入前所未有的大萧条当中。为了拉动经济，新任总统奥巴马推出了两项经济政策。

第一个就是 2010 年奥巴马推出的《制造业促进法案》，也叫作

《制造业再生法案》。奥巴马希望通过促进制造业拉动美国经济。这项政策一经推出，令全世界尤其是中国感到大惑不解：制造业不是已经丧失了竞争优势吗，你怎么还拉动制造业呢？你们完全错了，美国一直都是制造业强国、大国，控制着产业链的核心环节，因为制造业是经济的灵魂。

通过对比分析我们发现，在某行业每投入一块钱，就能够在其他行业创造一定回报，其中第一名就是制造行业。也就是说，在美国每投入一块钱在制造业，就可以在其他产业创造 1.48 倍的产值，是最高的。第二名是农业，在农业每投入一块钱就可以在其他行业创造1.25倍的产值，而房地产、服务业等其他行业则全部都在 1 以下。其中，房地产为 0.97，足足比制造业少了近一半；零售、批发等行业，则比制造业足足少了近 70%。所以，无论是在美国还是在全世界，制造业都是最重要的，制造业不好的国家就根本谈不上复苏。

第二个就是量化宽松货币政策。其目的就是压低利率，压到多低呢，大概接近 0~0.25%。压低利率也就意味着降低了融资成本，从而可以鼓励企业多借钱。

最终，美国通过《制造业促进法案》和旨在压低利率的量化宽松货币政策，使得美国经济从 2012 年开始领先全世界回暖。2013 年 12 月美国股市相比 2007 年股市最高点已经上涨了 14.9%，就 2013 年为例美国股市也上涨了 21%。而中国呢？与 2007 年股市最高点相比是当时的 35%而已，足足下跌了 65%，2013 年更是负增长 8%。通过这个对比可以发现，美国所采取的政策显然是成功的。

接下来我们再看看欧洲。大家应该都还记得，2008 年金融海啸刺激的结果导致 2010 年爆发了欧债危机。但就是在这种情况下，欧盟也在 2013 年开始回暖了。为什么？当然也是因为制造业复苏。

以德国为例。德国一直是一个制造业大国，德国80%的高中毕业生都到技术学校学技术，而且德国330多万家中小型制造业企业是全球无可替代的，这些都是德国作为制造业王国的基础。面对金融海啸，德国依然是继续大力发展制造业，这和美国的《制造业促进法案》异曲同工。同时，德国虽然没有采取量化宽松货币政策，但是从2000年到2011年的12年间，德国工人的薪水增长率为负增长，从-0.5%到-1%。也就是说，德国政府希望这些制造业工厂不要裁员，情愿给工人更低的薪水维持他们的工作，继续发展制造业，最后证明这样做是成功的。这和美国实行量化宽松货币政策的效果是一样的，劳动成本负增长同样也是一个利好。所以德国第一靠着和美国《制造业促进法案》一样的政策拉动了制造业，第二靠着和美国实行量化宽松货币政策一样的措施使得劳动成本负增长，最终德国经济也回暖了。

法国的制造业虽然不如德国，但是相比其他欧盟国家要好得多，法国经济也跟着回暖了。

投入1块钱在制造业就可以在其他产业创造1.48倍的产值，这种贡献是不可想象的。所以美国2012年复苏了，以德国、法国为首的欧盟2013年也复苏了。为什么？因为政策正确，第一鼓励制造业，第二降低成本。美国是降低融资成本，德国是降低人工成本，这是殊途同归，结果都促进了制造业的发展。

二、“变”能否变出希望

从全球经济来看，美国经济已由2008年开始的乱，转为2013年的稳，以德、法为主的欧盟也在经历了2008年金融海啸、2010年欧债危机的两次乱后，到2013年开始回稳了。它们都是由乱到稳，那么我们中国呢？面对2008年的金融海啸，中国采取了最奇怪的四万亿经济刺激政策，这在全世界都是绝无仅有的。在推动这项政策的时候，全中国只有我一个人敢对此提出质疑。事实也证明我都说对了，所以从2012年开始全国绝大多数的专家学者以及政府官员都开始支持我的观点。2013年5月13日李克强总理在电视电话会议上也说了，“我们已经没有再施行刺激政策的空间了”，言下之意是什么，各位自己去想。在这一届政府上台之前四万亿经济刺激政策所导致的悲剧已经完全爆发，最严重的就是产能过剩、地方政府债务危机、国企危机、民企危机和银行危机，2013年则开始走入可怕的滞胀：滞——经济停滞，胀——通货膨胀。

2012年德国的股市超过2007年股市最高点15.2%，2013年更是上涨了20%。基本上，德国跟美国的股市情况是差不多的，和2007年股市最高点相比，两个国家都上涨了15%左右，而2013年差不多也都涨了20%左右，只有我们中国相比2007年股市最高点暴跌了65%，2013年更是-8%的增长率。为什么？因为美国和德国两个国家的政策是对的，而我们的政策是错的，就这么简单。而这也正是十八届三中全会所面临的难题：我们究竟该怎么办？

所以我已经给中国经济状况引入一个全新的名词叫“变”，通过十八届三中全会以及其后的中央经济工作会议，中央政府必须提出一个“变”的方案来，解决乱的问题。我很高兴看到中央经济工作会议提出六大方针，其中有两个史无前例地专门针对四万亿所导致的灾难性后果提出了解决办法。第一个是控制产能过剩，第二个是防止地方政府债务危机的恶化。

关于控制产能过剩，我把原文引用一下，“化解产能过剩，中央经济工作会议正式强调，要不折不扣的实行好中央化解产能过剩的决策部署”。讲得非常具体，也就是说过去政府的工作是不对的，这届中央政府是不满意的，现在要不折不扣地执行这种新的政策，那就是化解产能过剩。怎么化解呢？地方政府设定硬指标，比如说设定环保、安全的硬性指标，通过市场化的方式解决产能过剩，这是一个原则。

关于解决地方债务危机，我也把原文引用一下，“要把控制和化解地方政府债务风险作为经济工作的重要任务”。过去这个都不讨论的，现在要重新规划。我给它起了个名字，叫“三板斧”。第一板斧，2013 年 8 月 1 日之后审计署进驻各级政府查账，对所有债务进行统一口径合并管理。过去有些地方政府搞所谓的融资平台自己偷偷摸摸借的钱不计其数，还有些地方政府搞 BT（BT，即先由企业垫资建设，再由政府分期偿还），像这些所谓的隐性债务全部统一口径合并管理，可以让中央政府知道各级地方政府到底借了多少钱。第二板斧，谁借谁负责。过去我们很多地方政府官员上任之后不管三七二十一先借钱搞建设，欠下的债务转由下一任去还，可下一任才不会管，这样就形成了恶性循环。因此这种恶劣风气一定要扼制，所以这次我很高兴看到中央经济工作会议进行决议，谁借钱谁负责，就算是离职之后也还是要负责任。第三板斧，改变考核制度，不再以 GDP 作为唯一的考核标准。比如风景名胜区，为了搞 GDP 而考核当地官员的话，就逼得官员引进一些污染性的项目到风景名胜区，搞得大家都受污染，这是绝对愚蠢的政策，过去十年就是这么干的，基本上把中国摧毁了一半，甚至一大半。

关于中国经济由乱到变的逻辑，各位读者可以阅读我 2014 年年初出版的《郎咸平说：改革如何再出发》，我在此不再赘述。

第二章

萧条已是大势所趋

第一节　萧条已经到来

今天大家评论中国经济已经不是说避免萧条、避免硬着陆了，而是如何面对已经到来的萧条。萧条主要表现在以下几个方面：

一、出口下滑从 2013 年已经开始

刚刚过去的 6 月份出口同比下降 3.1%，创下了 2009 年 10 月以来 44 个月的最低值。乐观派说这是暂时性的，但是上半年中央税收同比仅增长了 1.5%，相比预算的 7%有巨大差距。大家不要看地方财政收入增幅很大，涨了 13.5%，这个数据很有误导性。一方面地方政府靠卖地增加收入，另一方面各种收费具有很大灵活性，不能准确反映经济现状。比如上半年地方政府性基金收入（所谓基金收入，其中主要是卖地收入，上半年卖地收入达 16722 亿元，增长 46.3%）19395 亿元，同比增长 41.9%。中央财政就不一样了，因为中央税收来源是增值税、消费税和关税，人为操纵的可能性很低，因此这些税种更能直接反映企业的经营状况。过去全国税收增长一般是 GDP 增幅的 2 倍，而今年上半年全国财政收入增长仅为 7.5%，低于 7.6%的 GDP 增长，这是第一次出现。

二、铁路货运创历史最低纪录

铁路货运是检测经济是否下滑非常靠谱的数据，因为铁路货运价格相对便宜，一直处于供不应求的状态，如果铁路货运量下降就说明我们的经济真的变差了。过去 8 年我国铁路运力的平均增长是 5.5%，2011 年、2010 年分别增长 8%和 9.3%，即使在经济危机最严重的 2009 年，铁路货运量依然同比增长了 0.6%。但是，2012 年铁路货运量同比下跌 0.8%，首次出现负增长。2013 年上半年，铁路货运量在去年下跌的基础上继续下滑 2.55%。

三、政府负债已经到了崩溃的边缘

我们估算，截至 2013 年 6 月，中国债务余额约 73 万亿。按照去年年底 GDP 52 万亿计算，政府债务占 GDP 比例已经达到 135%。这 70 多万亿一共包括四个部分：

最大的部分是银行贷款，约 40 万亿。这部分又分为两块：基础建设约 20 万亿，地方融资平台约 20 万亿。因为基建贷款在央行的统计报告里被划归到企业贷款名下，我们要把它剥离出来。国家开发银行披露自己总贷款额的 30%都是基建，建行说自己企业贷款中 40%是基建，无论按照哪个比例算，都有约 20 万亿企业贷款投向了基建行业。为什么它们都属于政府负债呢？因为有资质去修公路、铁路的公司 99%是中铁建、路桥集团这类的国企，民营企业只能去做二级或者三级承包商。地方融资平台的贷款约 20 万亿，这主要是从土地上做文章，一般是土地质押获得银行贷款。根据渣打银行 7 月 17 日发布的报告《亚洲债务大起底》中披露，目前我国地方融资平台债务未偿余额为 19 万亿到 20 万亿。

第二部分是社保欠账，约 18 万亿。2012 年这个数据报出来时

《人民日报》还出来辟谣，说空账运转没问题。今天，官员们的估算更吓人。2013 年 1 月，中央农村工作领导小组副组长陈锡文说全国对农民工的社保资金欠债或高达 31 万亿，他的算法很不科学，仅仅是以武汉一地的水平代表全国，更准确的数字还是大约 18 万亿。详细的计算报告大家可以参看中国银行的研究报告《化解国家资产负债中长期风险》。

第三部分是各种理财产品，约 10 万亿。这些都是在银行贷款之外的，据银监会披露，截至 2013 年 6 月底，我国理财产品规模已经达到 9.85 万亿元人民币。当然，这一部分并不完全是政府或国企的债务，其中房地产企业负债约占 40%，另外约 70%是政府以及国企的直接或间接负债。

第四部分是 BT、BOT 等巧立名目形成的债务，约 5 万亿。表面上我们地方政府没有发债权，但是它可以是法人，所以就出现了 BT、BOT 等变态模式，说白了就是私人垫资，政府分期付款。BT 是指私人垫资 build（建设）然后 transfer（移交），最后由政府分期付款。BOT 是指私人垫资 build（建设），然后政府给你几年的运营权（operate），到期后再 transfer（移交）给政府。这种模式在县一级最常见，我们调研的县，本级财政收入 30%都用于偿还这种项目，项目期限一般在 5 年。2012 年全国县本级财政收入约 3 万亿，30%就是约 1 万亿，一般项目 5 年还清，就意味着目前的债务余额约 5 万亿。

四、中国政府负债危险程度不亚于欧猪五国

截至 2013 年 6 月，我国债务余额达 70 多万亿，这是什么概念呢？去年我国 GDP 是 52 万亿，这说明政府债务目前已经达到 GDP 的 1.35 倍。那么欧美正常国家是多少呢？国际上的通行标准是，超过 60%就

要警惕，80%以上就很危险，超过90%危机就很严重了。

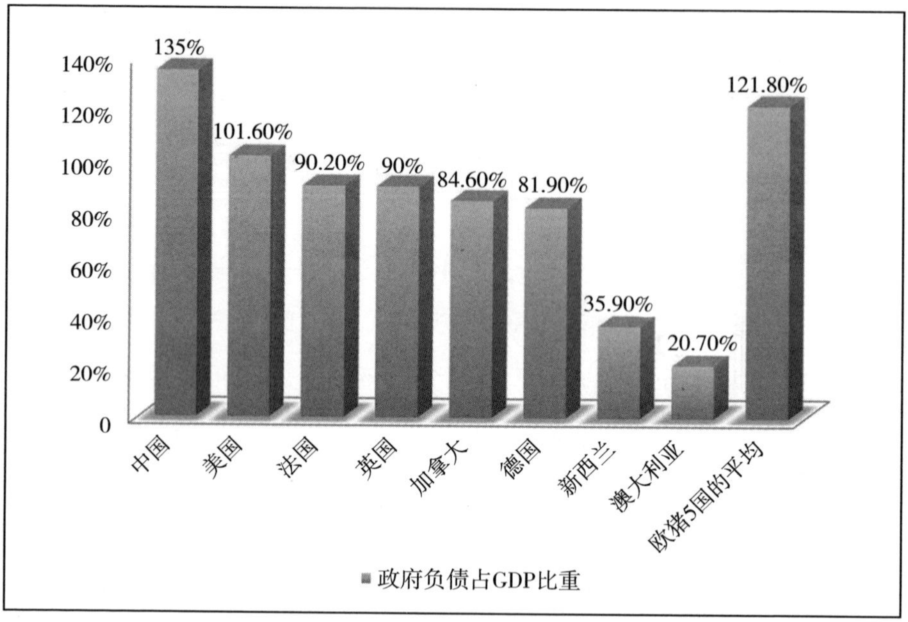

这些冰冷的数据都在告诉我们，萧条已然到来。不用浪费笔墨给大家继续列举数据了，就连新华网、人民网也都开始说，“改革任务重、经济增速将缓步下滑、经济弱增长特征明显”，你就知道有多困难了。

萧条到来，并不可怕。下面我将从制造业、产业转移、房地产、就业和生产成本等角度，给各位分析一下萧条的表象和成因。

第二节　制造业萧条最可怕

一、区域性萧条明显

2013 年一季度，温州申请破产的企业数量同比上升了 12 倍。

2012 年一年，温州法院受理的企业破产案件 27 起，平均一个季度大约 7 起，但是今年一季度法院已经受理了 86 起。温州某基层法院的陈副院长说，当地濒临倒闭企业至少 100~200 家，主动申请破产的企业只有 5~6 家，如果按照 5%的申请破产比例计算，温州去年破产的企业约 540 家，今年一季度已经暴涨到 1720 家。这还没有计算停产和半停产的企业，以鞋企为例，温州 2700 多家鞋企中还有 800 多家处于停产和半停产状态，约占 30%。

珠三角地区也不容乐观，官方数据还能看得过去，但第三方做的统计就差距很大了。香港工业总会的数据显示，港资企业两年倒闭 30%，2011 年，珠三角地区约有 7 万家港资工厂，2012 年底还剩 5 万家。港台集团是珠三角地区的制鞋巨头，原本有 6 家鞋厂，自 2008 年开始陆陆续续关闭了 5 家，2013 年 1 月又关闭了最后一家。香港工业总会副主席刘展灏预计，到 2015 年，珠三角地区港资工厂将萎缩到大约 3. 5 万家，再次减少 30%。这才是珠三角地区制造业的真实状况。

实际上，温州、珠三角地区的区域性萧条只是整个经济萧条的缩影，放眼其他行业，情况也一样糟糕，造船、光伏先后进入危机，工程机械严重产能过剩，60%的纺织企业零利润。

二、造船业陷入困境

工信部公布的数据显示，2012 年全国造船完工量 6021 万载重吨，同比下降 21. 4%。2013 年跌势还在继续，一季度全国造船完工量 945 万载重吨，同比下降 15. 6%；1—6 月，全国造船完工量 2060 万载重吨，同比下降 36. 0%，80 家重点监测企业经济指标全面下降，工业产值同比下降 16. 6%，出口交货值同比下降 24. 7%，利润同比下降 53. 6%，相反应收账款、财务费用、管理费用都在增长。重点监测的都是大企业，能很顺利获得贷款和各项优惠政策，中小船企就更惨了。

全球最大的中小船舶制造业基地在浙江台州，目前约有80%的船企处于停产和半停产状态。中国船舶工业集团原总经理谭作钧预计，有50%的造船厂将在未来2~3年内破产。具体到造船第一大省江苏，今年1—3月份江苏13家重点船企中有4家企业亏损，小一些的造船厂日子更不好过，在列入统计的66家造船企业中有44家企业没有接单。面对困境，银行多次出手相救，以江苏为例，截至2013年2月底，江苏省主要金融机构对重点造船企业的综合授信余额为1070亿元。当时我曾在电视节目中警告大家，给造船业融资看上去确实是雪中送炭，实际上谁也不能保证这不是第二个光伏。果不其然，从今年7月开始，各大银行意识到风险纷纷开始收紧对造船业的贷款，以前只要客户向造船厂支付1%的预付款银行就敢贷款给造船厂，现在至少要支付15%的预付款银行才会考虑发放贷款，具体操作中则可能要达到30%的预付款。

三、钢铁行业问题重重

发改委说“钢铁行业2012年经历了10年来最困难的时刻”。2012年全国有将近三成的钢贸企业倒闭或者退出行业，10月15日至11月15日上海曾有第一波钢贸贷款逼债高潮，当时所有媒体都在报道，其实那段时间起诉一共才27起。大家知道最近的情况吗？“上海法院网”公布的开庭公告信息显示，2013年3月18日至4月17日，仅一个月上海就有209起银行起诉钢贸企业的案件开庭，媒体反而不吭声了。

四、光伏企业危机深重

光伏企业更是不用多说，美国、欧洲部分国家先后对我国的光伏产品征收重税，2013 年 3 月 20 日全国最大的光伏企业无锡尚德宣布破产，光伏第一大省江苏停产和半停产的企业超过 60%，第二大省浙江有 96%的企业停产或倒闭。中国光伏产业联盟主席朱共山说："全国范围内多晶硅行业 90%的企业已经停产，如果再持续下去，这个行业将面临全军覆没的危险。"

五、工程机械严重产能过剩，库存高企

以挖掘机为例，全年总销量 12 万台，产能 60 多万台，前几年 4 万亿投资兴起之初还不明显，大家都有饭吃，现在日子却很难过。各大工程机械生产商库存积压严重，花钱租地用来停放没人买的新车，因为害怕停产引起恐慌。徐州市金山桥东、大黄山附近，可以看到徐工集团停放的许多工程机械。徐工集团作为国企还注意影响，不让工人失业回家，民营企业就管不了那么多了，三一重工、玉柴重工都相继传出了裁员的新闻。

查阅徐工集团的年报发现，今年一季度，徐工集团的库存新增 5.96 亿元，同比增长 51%，销售收入同比下滑 17%，但应收账款达到 204 亿元，同比增长 54.5%。这说明徐工集团过去一直在大量赊销工程机械，我没有苛责它的意思，因为所有的工程机械企业都是这样。但是这次的行业危机不是一天两天就能过去的。

第三节　高端产业转移，中国还会有真正的制造业吗？

近代世界史上共有三次大的产业转移。第一次是 20 世纪 50 年代，美国把钢铁、纺织这些没有比较优势的产业转移到了德国和日本。第

二次转移是六七十年代，日本、德国把纺织、玩具、服装等劳动密集型产业转移到亚洲国家和地区，诞生了亚洲四小龙。第三次就是我们熟悉的，90年代亚洲四小龙把玩具、纺织、服装等产业转移到中国沿海。这三次转移都是从生产成本高的向生产成本低的国家和地区迁移，是正常的经济现象。

如果今天我们面临的这次产业转移也仅仅是阿迪达斯、耐克这类服装厂把生产线迁移到越南、印度尼西亚等地，这也没什么好讨论的，这就是劳动密集型产业的特点——寻找廉价劳动力和土地！阿迪达斯的数据显示，它们在苏州厂的工人一个月3000多元还留不住，但是柬埔寨的工人月薪828元就可以了。所以它们要离开中国，这很正常。但事实上并不仅仅是这样，因为这次转移走的主力不是耐克和阿迪达斯的厂，而是高端制造业，比如通用、卡特彼勒、福特等，现在已经走的有100多家了。这次产业转移集中在以下四大行业，首先是高端消费品，其次是精密制造业，最后是汽车和工程机械。这些企业回到美国后效率均大幅提升。

在高端消费品领域，通用电气已经将洗衣机、电冰箱和加热器的业务从中国回迁到肯塔基州，而且回迁以后效率更高。搬回美国后，生产Geospring热水器的原料成本下降25%，组装时间提高了5倍。以前在中国生产这个热水器终端零售价是1599美元，现在在美国生产后只卖1299美元。2009年高端厨具商国王制品公司搬回美国，物流效率提高15倍，在中国生产时它们对大客户的交货时间一般在30~60天，搬回美国后2天就能交货。另一家高端炊具制造商All-Clad Metalcrafters也正把生产线从中国转移到美国。

在精密制造领域，NCR公司的自动取款机工厂也从中国搬回了美国。美国AmFor公司把在中国的生产线搬回俄勒冈州。亨特实业有限公司把灌溉控制系统生产线从中国大连迁回了美国加利福尼亚州。谷歌新推出的谷歌眼镜以及 2012 年上市的无线家庭媒体播放器 Nexus Q 也都是在美国本土生产。

在汽车和工程机械领域，福特公司 2012 年把在中国和墨西哥的汽车零部件生产企业搬回美国。卡特彼勒宣布油压挖掘机项目在美国建厂，中国的卡特彼勒工厂只保留一个研发团队。由于汽车和工程机械这种行业原本也不是中国的强项，因此这类企业转移不多。

上面这些是已经走了的，计划走的还有更多。2012 年，波士顿咨询公司（BCG）对 106 家年收入超过 10 亿美元的美国企业进行调查发现，37%的企业考虑将制造业迁回美国本土，相关企业主要集中在橡胶和塑料制品行业（67%准备回撤）、机械行业（42%准备回撤）、电子行业（41%准备回撤），以及计算机相关行业（40%准备回撤）。原因是中国制造业成本上升以及中国经济放缓，比如 2000—2005 年，中国工厂的工人平均工资和福利上升了 10%；2005—2010 年，中国工人平均工资和福利上涨 19%，而同期美国工厂工人的成本仅上升 4%。如果再把越来越贵的能源成本、运输和供应链风险以及关税成本等其他因素考虑在内，“中国制造”大概只能继续维持 5 年的相对优势。也就是说，最早到 2015 年左右，就大部分面向北美消费者的商品而言，在美国本土生产将会变得和在中国生产一样划算。

麻省理工学院（MIT）进行的类似研究也得出了相似结论，即 33%的全球化美国企业考虑开展制造业务的本土布局。埃森哲调查的跨国公司高管中约 65%表示，过去 24 个月进行了转移制造业的活动，2/5 表示工厂已经迁回美国。下表列出了一些回流企业的简单情况。

公司	原来所在地	项目
卡特彼勒	（新建项目）	油压挖掘机
福特	中国、墨西哥	零部件生产
星巴克	中国	陶瓷杯
通用电气	中国、墨西哥	家电
Wham-o	中国	飞盘、呼啦圈
NCR 公司	中国	自动取款机工厂

我国商务部的统计数据也佐证了这一趋势。2012 年全年，“全国新批设立外商投资企业 24925 家，同比下降 10.06%；实际使用外资金额 1117.16 亿美元，同比下降 3.7%”。其中，美国对华投资新设立企业 1374 家，同比下降 8.22%，连续两年显著下跌；而相比于两年前，来自美国的资金投入减少了近 1/4。

项目	2012 年	2011 年	2010 年	2009 年	2008 年	2007 年
FDI 总量	1117.16 亿美元	1160.11 亿美元	1057.35 亿美元	900.33 亿美元	923.95 亿美元	826.58 亿美元
美国 FDI	31.3 亿美元	29.95 亿美元	40.52 亿美元	35.76 亿美元		
新设美资企业	1374 家	1497 家	1576 家	1588 家	1861 家	2759 家

注：FDI 即外商直接投资。

这样的趋势不仅在美资企业内蔓延，我们自己的企业有的也开始在美国设厂生产。2012 年 10 月 3 日，联想集团宣布将在美国北卡罗来纳州 Whitsett 市开设 PC 生产线，主要生产“Think”品牌笔记本电脑、台式机、平板电脑、工程工作站和服务器，并计划在 2013 年投入运营。

过去的三次产业转移，本土留下的都是拥有全球竞争力的产业。美国把钢铁、纺织转移出去了，国内留下的是飞机制造、医疗器械、生物工程、航空航天等至今仍然是全世界最领先的行业。德国、日本用20年把纺织、服装等行业转移出去，剩下的是汽车制造、精密仪器、电子行业。即使到今天，德国、日本制造的精密仪器、光学元件依然可以和美国匹敌，德国、日本的汽车也是行销全球，一个占据高端一个占据中低端。亚洲四小龙也用了20年把低端制造转移出去，它们也有自己的独门绝技：中国香港是金融和旅游；新加坡除了这两项还有造船和石油化工；中国台湾也是可圈可点，是全球最大的半导体芯片制造基地，全世界每一台电脑里面都有台湾制造的产品，光学产品可以和日本同台竞争，联发科的IC设计也是全球一流，能和高通、三星竞争；韩国自然不用说，消费类电子产品已经超过日本，其他如造船、半导体、液晶面板也都是全球一流。但是这次产业转移后，中国会剩下什么呢？

第四节　房地产业，温州楼市领先全国下跌

因为全国一线城市房价都在上涨，所以很多人都没有注意到这个现象：其实温州房价从2011年开始就失去了上升的动力；2012年开始领先全国下跌。2012年1月温州房价31000元，12月跌到23000元，截至2013年4月又跌到了22000元，这里说的都是均价。如果具体到那些高价楼盘就跌得更厉害，比如代表温州房地产最高水平的"绿城鹿城广场"，2010年的房价是10万元/平方米，现在挂牌价4.5万至5万/平方米，成交价还要更低。

2008年北京、上海、温州房价几乎在同一个起跑线上，至今5年，温州房价上涨了48%，上海上涨了84%，北京上涨了210%。由上图可以看到，2011年4月温州房价达到顶峰，均价32000元，比2008年上涨了121%，同期北京涨幅87%，上海涨幅64%。因为2012

年的下跌，目前温州房价和最高点相比已经下跌了32%，北京、上海分别比当时上涨65%和14%。

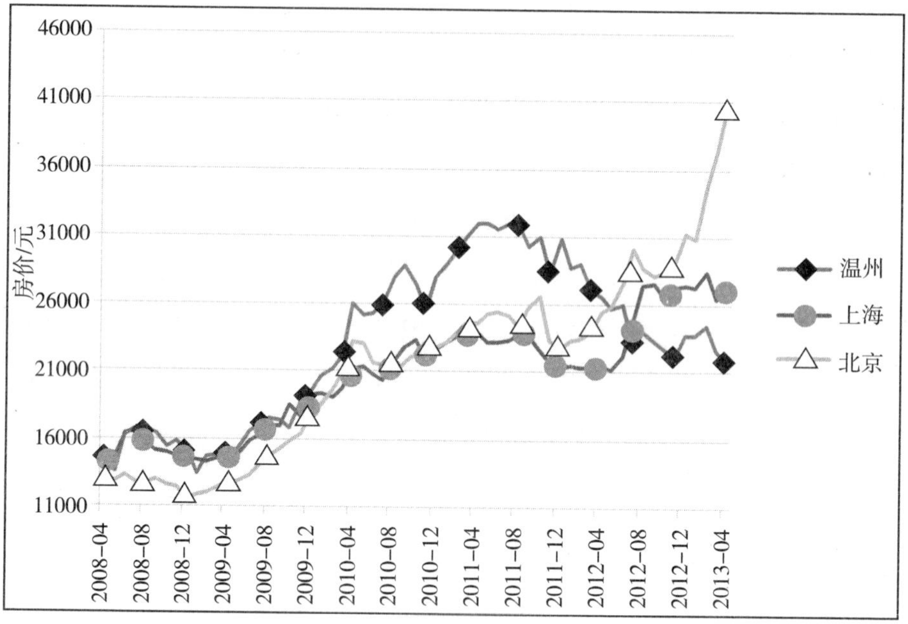

为什么2009年12月后温州房价全面超过北京上海，并迅速扩大？这是温州制造业资本大量逃离实体经济所致。2010年上半年，人们印象中“不差钱”的温州，投资增速全省并列倒数第二。2010年温州市有2000多家企业吊销营业执照。温州鞋企从高峰时的6000多家减少至不到3000家。温州中小企业促进会会长周德文表示，温州目前闲置资金约8000亿元，因为实业不好做，利润一般只有3%~5%，所以大家都在搞投机。这是温州房价上涨的根本原因。

2011—2012年，制造业危机进一步加剧，房价开始下跌。如果上一波是老板主动逃离，寻找高利润行业，那么这一波则是彻底破产，没有翻身之地。2012年10月23日《中国企业报》报道，温州制造业六成破产。官方数据也可以佐证：2012 年温州的 GDP 增速 6.7%，居全省倒数第一，全市规模以上工业生产总值同比下降 1.4%，去年是增长 12.6%；进出口总额下降 5.3%，去年是增长 26.2%；工业用电减少 4%，去年是增长 6.9%。这些下跌在温州历史上都是没有过的。血淋淋的数据说明了温州房价下跌的根本原因，而且破产还在继续。

温州房价将继续下跌。我这样说基于两个原因：第一，企业的破产潮还没有正式开始，进入清算高峰前肯定会有大量房产抛售；第二，温州房地产高库存无法化解。2006—2011 年房地产暴涨期间，温州商品住宅年均销量 60 万平方米，但 2012 年年底，温州有 80 万平方米的待售商品住宅。现在房价下跌，估计两年也卖不完，而且新房还在继续建，2012 年房地产行业投资额达 687.5 亿元（同比增长 1%）。

温州是全国房地产的缩影，如果没有实体经济作支撑，在高房价上的赌博游戏注定不能继续。

第五节　教育：萧条的根本原因

就业状况，往往是一个国家或地区经济衰与荣的晴雨表。

2013 年我国有近 700 万高校毕业生进入就业市场，工作难找，举国关注。首先是教育部 4 月给各个学校发通知，让它们搞好服务、收集岗位信息帮助学生就业。5 月人力资源和社会保障部举办了一个网络招聘会，帮大学生和企业牵线。国务院办公厅也专门发布通知，李克强总理在电视电话会议上还专门提到大学生就业难的问题。好像大学生就业难是突然从地下冒出来的问题，其实不是，工作一直很难找。

2012 年全国高校毕业生 680 万，2011 年 671 万，2010 年 630 万，也就是说，与往年相比今年高校毕业生并没有特别显著的增加。当然了，以往官方公布的就业率都在85%以上，2011年甚至达到90%，至于实际情况则没有人能统计。对此，我相信各位大学生是最有发言权的，看看你们班有多少人毕业时能拿到offer（工作录取通知）就行了。随着人数不断累积，以后大学生找工作只会越来越难。

每当讨论就业的时候我们官方总是很尴尬，因为我们只统计城市人口失业率，所以那个数据没有人敢引用。相反大家总是说，这是世界性问题，美国大学生也不好就业，等等。我要澄清一点，不要每天被美国人自己播的那些新闻吓到。人家的新闻更愿意报忧不报喜，抱怨政府没有提供好服务，没有创造更多就业。比如：皮尤研究中心使用了美国人口普查局的数据，2007—2009年21~24岁人口的就业情况，高中毕业生在经济衰退之前55%的人有工作，经济衰退后下降到了47%，大专学生就业率从经济衰退前的64%下降至衰退后的57%，本科生就业率从经济衰退前的69%下降到65%。这种数据很有误导性！拿21~24岁的人谈失业率本身就不合理，因为他们不是职场的主力，年轻人刚从学校出来，先做做自己喜欢的事儿，不着急找工作很正常。他们的丈母娘更不会逼着他们工作赚钱买房子。

《纽约时报》称：2011年年龄在25~34岁的美国人中26.2%没有工作。同一年龄段的无工作人口比例在加拿大是20.2%，在德国是20.5%，在日本是21%，在英国是21.6%，在法国是22%。看起来美国的状况好像是最糟糕的，实际上这是因为美国有庞大的研究院学生。美国在校研究生就200多万，如果把这部分以及其他不在劳动力市场的人去掉，美国这个年龄段的失业率就降到了9.5%。

还有人拿一些文学、艺术类专业的学生就业率低来说明美国就业有多差。不可否认，技术类的专业更容易找工作，而且薪水更高。普林斯顿大学毕业生年薪最高可达13万美元，其次为加州理工学院毕业生，年薪最高为12.3万美元，这些都是高技术行业。学美术、影视、设计等非技术专业就业很难，这不是政府的问题，全世界到哪里都一样。国内的清华大学、华北电力等学校毕业的工科学生也很容易找工作，几乎100%就业。职业培训学校就业率也很高，比普通本科学校学管理、文学、哲学的学生好找工作得多。

美国大学生失业率真不算高。我们以失业最严重的2011年为例，美国全社会失业率达9.1%。在这个基数下，美国劳工统计局数据显示大学学历拥有者（不分年龄）的失业率只有4.3%，也就是说，超过95%的大学毕业生拥有工作。高中学历者失业率为9.6%，高中以下学历者失业率为14.6%。因此，美国的大学生比我们好找工作多了。

以前我们常说大学生失业的直接原因是我们的经济以制造业为主，所以消化不了那么多大学生，这是一方面的原因，这个原因很重要，我以前也讲过。除此以外我也想请大家思考另一个问题，美国既是制造业大国，又是服务业大国，它的大学生失业率是4.3%。但是德国是单纯的制造业大国，它的大学生失业率只有2%，整个社会失业率4%~5%，是全世界最低的，而且2012年还出现了劳动力短缺，消化了108万新移民。我国从20世纪80年代开始就是以制造业为主的经济体，为什么我们的大学却在源源不断地输出找不到工作的大学生呢？所以，我们需要反思我们的大学教育。

大学学生上课学不到有用的东西。针对这一点可以从三个方面来讲：专业设置、教材、教授。

专业设置教育部说了算。教育部颁布的本科专业目录有249种，所有学校必须从这里面选择，因此在中国所有大学的课程设置几乎完全一样。美国和我们则完全相反，专业设置这个权力完全在学校自己，因此你在美国找不到两所相同的大学。比如说生命科学领域，哈佛大学只有两个专业，一个是生物化学，另一个是生物学。但是加州大学洛杉矶分校（UCLA）在这个领域有 10 个专业，包括细胞生物学、分子生物学等。

教材使用几十年不换。我们大学计算机专业使用的教材从 1980 年开始就是那一套，至今没有改变。所以我们的计算机专业学生上岗之前要到外面的培训机构接受再培训才能上岗，对最前沿的技术更是一问三不知。美国大学则完全相反，塔尔萨大学还设立了“网络军团项目”训练学生当“黑客”，课程内容包括编写病毒程序、破解网络密码、攻击网站、恢复数据等，这个差距可不是一星半点儿。计算机教材我们只是抄美国的，连翻译过来都觉得麻烦，更别提让这些教授们自己创新了。

美国大学里的教授有权利选择开什么课、用什么教材。甚至美国很多教授上课是不指定教材的——我在香港中文大学给学生上课时也不用教材——都是教授把自己的研究和学生分享，很多案例都是与时俱进的。比如说金融危机之后，美国政治学、金融学、社会学等很多学科都把金融危机搬到课堂上。华尔街原来的高层去大学讲“金融泡沫”。雷曼兄弟公司原首席法务官现在在哥伦比亚大学商学院兼职和学生回顾金融危机，上课时把学生分为几组重演当时的情况，有些学生扮演学者，有些扮演企业 CEO、政府官员等，一学期就回答一个问题，如果你是当时的决策者你会怎么办。对于眼下的全球经济衰退，威斯康星大学教授门齐·钦眼下开了一门新课《大衰退对策》，学生们在课上分析经济刺激计划对就业、政府预算和国内生产总值的影响等议题。因为这些事情绝对新鲜，根本没有教材，教授更多是和学生同时研究，让学生知道思考和研究的过程是怎样的，当然没有标准答案。

博士大跃进导致教授水平参差不齐。美国平均一年授予博士学位4万个左右，博士淘汰率大约是30%，也就是说有30%的在读博士是拿不到学位的。我们几乎是零淘汰，而且从2009年开始我们授予的博士学位数量超过了美国成为世界第一，并一直保持至今。博士生大爆炸不是偶然发生的，而是教育部计划的，因为博士招生权和学校无关，每年教育部来定招多少个博士，每个学校分多少名额。这种批量产出的博士爆出抄袭论文的新闻就一点也不奇怪了。

职业教育被漠视，竟然不纳入官方教育系统。如今大家都知道德国的职业教育非常棒，但是它其实也是在1972年才正式兴起的。当时一些大公司在大学毕业生中录用不到合适的一线管理和技术人才，于是奔驰、博世等几家公司在德国巴登符藤堡州管理与经济学院的基础上创立了校企联合办学的新型学校。1975年德国政府迅速承认职业学院是继大学、高等应用技术学院之后的“第三种教育机构”，将职业教育纳入政府认可的高等教育范畴。随后德国政府又承认职业学院的学位和本科学位是一样的，这一决定更加促进了职业学院在全德范围内的发展。1997年7月职业学院毕业文凭被纳入欧盟“高校文凭准则”，职业教育学位获得欧盟认可。

直到今天我们的管理部门依然觉得职业教育低人一等。和德国类似的企业办的学校直接叫“技工学校”，根本不属于教育系统，教育部也不拨经费，更没有学位。其实他们学的内容和德国企业联合办学的专业课程都一样，比如机床操控、汽车维修、船舶驾驶、烹饪、首饰加工等。在德国，16~19岁的孩子中70%选择接受这种职业教育，在中国则是走投无路的农村孩子才去学这个，而且还要自掏腰包，毕业后教育部也不承认学历，所以愈发没人愿意学这个。我就不明白，为什么不能平等地对待他们，一定要分三六九等出来。

德国这种模式对我们是最有借鉴意义的，但是我们不学，非要学美国，最后弄得不伦不类。如果我们能像德国一样有一半的人都能进入高端、精细的职业教育行列，我们的制造业就有高端的技术工人，一定不会停留在今天这样的水平。

只有解放大学，解放大学生，才能让他们学到有用的东西。目前只有教育部能决定开设哪个专业、停止哪个专业、给谁拨多少钱等，一切本该属于大学的权利被剥夺。正常的状态应该是，学校定课程大纲、课程标准。无论是德国还是美国，无论是公立学校还是私立学校，无论政府拨了多少钱，它都无权干涉学校的“学术自由”。

这个自由包括两方面：大学管理上，政府只有给钱的义务没有管理的权力；教学上，教授有绝对自主权，任何人不能干涉。我们要想达到这两项标准只能是教育部彻底放权才行。谁都承认我们中国的学生不笨，让教育回归本来的面目，我们就能有德国那样的制造业，有美国那样的创造力。

第六节　生产成本持续上升：萧条的表层原因

传统上我们都拍脑袋以为我们的劳动力优势明显，工业土地价格低廉。其实坐下来算算账你会发现这都已经是过眼云烟了。

劳动力成本飙升。举个例子，惠普和富士康合作在印第安纳州首府印第安纳波利斯生产面向美国市场的个人电脑，该工厂雇有1300名工人，2012年PC生产量为290万台。印第安纳州除了有惠普，还有康明斯、丰田等企业。大家知道这个州的最低工资是多少吗？每小时7.25美元，年薪15080美元。折合成我们中国常用的月薪是近8000

元。大家知道现在富士康在深圳工厂的普通工人月薪吗？4000元！要知道我们企业的人工成本不仅仅是给员工的部分，企业还要负担占薪水40%左右的社保，包括医疗保险、养老保险、失业保险、住房公积金等税费，那么在中国富士康为一个工人付的钱肯定在5000元以上。当然了，你会说制造业工人的工资要比最低工资高，但是我们看到富士康在美国招的技术管理人员年薪也不过是3万多美元，所以一线工人肯定也高不到哪里去，基本上就是最低工资。由这个例子小学生都能算清楚，美国人工成本大概是中国的一倍。那么人工成本在产品中占比多大呢？以iPhone为例，单机的人工成本在12.5美元到30美元之间，仅占其销售价格的2%~5%，几乎可以忽略不计。

算完人工成本，我们再来比较一下融资、用电、能源、物流和土地等其他成本。

先说说融资成本。中国中小企业融资成本大概为20%~50%，而美国中小企业的融资成本是10%左右；大型企业在中国的融资成本是6.5%，而在美国，类似企业的融资成本是2%。

用电成本上，中国的工业用电是1度电1块钱，美国是我们的一半。能源成本上，珠三角地区工业天然气价格为4.85元/立方米，长三角地区为3.89元/立方米；美国国内天然气每百万英热平均价格3~4美元，换算成人民币为0.7~0.9元/立方米，我国的天然气价格是美国的4~7倍。今年1月份，世界最大甲醇生产商梅赛尼斯表示将把原定于智利的甲醇工厂搬迁至路易斯安那州。该公司CEO Bruce Aitken表示，“北美低价天然气是此次行动的主要原因”，“化工和化肥企业也正在讨论回归美国，以利用低价天然气”。

物流成本上，中国是美国的1.5~2倍。物流成本中最重要的是油价，以92号汽油（美国叫做Regular Gasoline）为例，2013年4月最新一次调整北京为 7.48 元/升，而根据美国能源部的数据，2013 年 5 月 7 日全美平均为 3.54 美元/加仑，折合人民币 5.73 元/升，我们比美国足足贵了 30%。而且我们知道，美国的油价是跟随国际油价走势一起波动，我们的油价则是上升容易下来难。大家别忘了，我们还有几乎和油价一样贵的过路费，平均下来每公里 0.5 元，而美国是没有过路费的。按照小汽车 100 公里消耗 10 升油计算，算上过路费相当于每升油加价 5 元，所以相当于我们的汽油是 12.48 元/升（7.48 元+5 元）。

至于土地成本，这个很让人惊讶。中国全国平均工业用地每平方米 102 美元左右，美国中西部的用地价格是每平方米 13～20 美元，像旧金山这种稍微发达一些的城市，用地成本大约是 46 美元/平方米。大家知道我们深圳的价格是多少吗？价格高得离谱——210 美元/平方米。

看了上面的数据，我相信读者朋友会得出跟我一样的结论：在我们的人工成本相对来说几乎没有优势或者差距不大的情况下，我们其他项目的成本的确远在美国之上，这样的结果必然导致企业从中国搬走，没走的成本上升，在国际市场上自然竞争力下降，而萧条就是这样随着成本一点点上升而来的。

第七节　被唱空的股市意味着什么

春江水暖鸭先知。投行们先知先觉，抛空银行股，退出中国股市，引发 6 月股市大跌。我不想制造阴谋论说它们如何能提前预知消息，我 5 月初也在电视节目上呼吁让政府注意外资撤出中国，但是所有人都无动于衷。

三大国际评级机构都表达了对中国经济的担忧。标准普尔说，中国将不得不为经济刺激政策付出代价；普誉宣布把中国长期本币信用评级从AA-下调至A+，这是1999年以来中国主权信用评级第一次被国际评级机构下调；穆迪将中国政府债券展望评级从“正面”降格为“稳定”。

全球最大的空投基金公司尼克斯联合基金总裁4月5日发出做空中国的信号。这个总裁叫吉姆·查诺斯，曾经因做空安然而闻名。他的报告从GDP增速放缓、社会融资额飙升、楼市低迷、工资上涨、利润下滑、资产回报率递减等方面论述中国的现状，说中国的金融危机发生只是时间问题。

索罗斯4月8日在博鳌亚洲论坛上也说，中国的影子银行、政府融资平台及房地产信贷引发的坏账风险浮现，中国影子银行的快速发展以及一些次贷情况，与美国金融危机前的次贷风险有相似性，中国仍有经济硬着陆风险。

唱空做多的确是以前投行和国际机构们惯用的招数，但是这次有所不同，它们确实在做空。

根据国际资金跟踪监测机构（EPFR）的统计估算，截至4月30日10周内，国际投资者从各类离岸中国股票基金累计赎回约20亿美元，EPFR跟踪的中国股票基金覆盖了全球范围内近400只以中国为投资主题的股票基金，其中涵盖了中国几乎所有的QFII，另外还包括那些投资海外上市中国股票的基金。

美国大型基金公司The Capital Group 4月9日减持了4405.6万股农业银行H股，4月17日减持1亿股农业银行H股。摩根大通和花旗也被披露在4月12日，分别减持了4236万股及9259万股农业银行H股。中国银行、民生银行、招商银行的H股也在4月份遭到黑石、瑞银、大摩等国际投行的密集减持，国际投行通过香港市场净减持的中资银行股总计高达6.4亿股。做空A股的还有国内基金。农业银行一季度被国内基金减持10.23亿股，中国建筑被减持16.11亿股，工商银行被减持8.5亿股，光大银行被减持7.6亿股。这些减持很难说和外资没有关系。

结果股市萎靡。截至4月30日，2013年以来美股三大指数均录得上涨，道琼斯指数累计上涨了13.25%，纳斯达克指数上涨了10.24%，标普500指数则上涨了12.02%。相比之下，上证指数下跌4.3%，深证成指下跌5.7%。

即使我们这时候采取措施也需要有补救的空间，但是官方却定调是外资再次唱空做多。《人民日报》海外版4月27日发文称：尽管中国经济增速放缓暴露出当前确实存在结构性弊病和潜在风险，但并不存在经济硬着陆的可能，外资机构就此唱衰中国经济显然过分夸大了事实，也不排除其利用唱空之名谋划抄底中国资产之实的嫌疑。4月28日，新华社发文称：唱空中国经济只是狼来了续集。

到了5月，官方才后知后觉。5月20日高盛清空了自己所有的工商银行股份，再次引起轩然大波。新华网终于清醒了，5月22日发文：外资或开始撤离内资银行股。难道你不知道现在它们已经到了撤离的尾声吗？其实这之前苏格兰皇家银行清空了中国银行的股票，汇丰清空了平安的股票，美银基本清空了建行的股票，高盛反而是退出比较晚的。目前正好四家投行完全抛空所持股份，获利约313亿美元。于是，不出所料，5月底股市开始狂跌不止，上证综合指数从5月29日的最高2334点一路跌到6月25日的最低1849.65点，一个月跌了21%。相当于我们又经历了一次2008年金融危机。

第三章

走出萧条的希望：砸碎束缚中国企业发展的十条枷锁

近十年来，我对中国经济问题的批评主要集中在三个方面：政府错误的公共经济政策、政府和执法机构造成的恶劣营商环境和企业低劣的经营水平。企业的经营水平通过市场的竞争和洗礼，自然会得到逐步提升，有关这个问题我之前出版了大量的案例研究性著作，有兴趣的读者可以去阅读和研究这些案例。本章我要讨论和批评的是，政府哪些错误的政策及其造成的恶劣的营商环境制约了中国企业的发展。

坦白地讲，今天的中国经济就是管制经济，今天的中国市场就是政府办市场。甚至在很多领域，政府不仅仅是市场的主体，而且是市场的主宰者。习近平总书记说“要把权力关在制度的笼子里”，而我想说的是，要把企业从权力的笼子里解放出来，要砸碎束缚企业发展的重重枷锁。

第一节　审批枷锁

中国经济一个最显著的特点就是管制，是管制经济。行使管制权力的方式就是审批，是层层审批，是事先审批。

这一点不用我细说，做过企业的都清楚，用“是一部血泪史”来形容一点都不为过。像刘铁男掌管的那种大的审批项目暂且不说，就说说企业工商年检这点小事。我有一个东北的朋友，是个小企业主，有一年企业年检递上去几次都未通过。幸好一个朋友提醒他，然后通过了。通过的原因是他在执照里夹了 500 元人民币。后来这个朋友告诉我，这是潜规则。照这样算来，全国这么多家企业，每家 500 元的话，加在一起肯定是个天文数字，我实在不敢统计。这还仅仅是企业工商年检这点小事，那么其他众多的审批项目呢？我们统计过一个房地产企业从买地到竣工，再到给老百姓房产证，这其中要经过 110 多个公章，157 种收费。一方面，程序烦琐得要命；另一方面，每一个公章背后都有一次和公权力的交锋。所以李克强总理说，简政放权是预防腐败的釜底抽薪之策，也是释放市场、激发经济活力的基本之策。希望这些中央政府下放的权力交到地方政府手中不要变了味道，变成他们的敛财工具。

十八届三中全会说，让市场在资源配置中起决定性作用。我的理解就是不让政府在资源配置上起决定作用。我最近终于看到了发改委公布了一项还算不错的文件《关于 2014 年深化经济体制改革重点任务的意见》，我给各位分享几段："抓好简政放权的先手棋，进一步完善放管结合的体制机制。今年，要重点取消对投资创业就业影响大、对经济社会发展制约明显的行政审批事项，更大限度地向市场放权、给企业松绑，更大程度地让人民群众受益。""深化投资审批制度改革，取消或简化前置性审批，充分落实企业投资自主权，推进投资创业便利化。""加快建立和完善权力清单制度。行政审批事项一律以清单形式向社会公开。清单之外的，一律不得实施审批，让政府部门'法无授权不可为'。加快探索市场准入负面清单管理方式，逐步做到负面清单之外的事项由市场主体依法自行决定，实现'法无禁止即可为'。在全国实施工商登记制度改革，落实认缴登记制，由先证后照改为先照后证，由企业年检制度改为年报公示制度，让市场主体不断迸发新的活力。”

从三中全会到现在，已经取消或者下放了416项审批权，但是还有上千项可以取消，远远不够嘛。看到“下放”这两个字我就头疼，我个人的建议是能取消的就尽量取消，“下放”的审批权越少越好。

通过这个文件的发布，我们看到审批这个枷锁已经开始逐步打开了。不打破这些形形色色多如牛毛的审批枷锁，让市场在资源配置中起决定性作用就只是说说而已，中国的经济就不可能走出今日的萧条，什么创新、结构调整和转型升级之类的话就会成为空话，腐败也只会愈演愈烈。

第二节　垄断枷锁

垄断是企业的天然属性，本无可厚非。但是为什么所有市场化国家都立重法预防和惩治垄断呢？原因无非如下：一是垄断会形成消费的高价，推动通货膨胀；二是垄断阻碍创新，抑制产业发展；三是垄断愚弄和压迫消费者，使消费者无法享受到更好的服务。

今天中国经济的滞胀，垄断做出了重要“贡献”。据我的观察，今日中国的垄断至少有四种情形：一是政府垄断，以土地为主；二是国企垄断，以基础设施、资源能源、通信和出版传媒等为主；三是官商勾结形成的垄断，以服务业为主；四是市场竞争形成的垄断，各个行业都有。大家耳熟能详的是前两种垄断，根据三中全会的文件要求，想必会逐渐破解。第四种垄断，恐怕中国还没什么破解之道，因为我们距离那个阶段还很远，至今还没看到什么有影响力的案例。最令人发指的则是官商勾结形成的第三种垄断，例如出租车行业、大型食品批发市场等等。其中对于出租车行业，我曾多次呼吁取消数量管制，消灭份子钱，因为这是造成老百姓打车难、打车贵的直接原因。城市的蔬菜供应集散地也与之类似，铲除这种垄断对中国经济最大的好处就是能够降低企业运营成本，降低最后一公里的菜价。

我在本书第一章也说过，美国和德国经济复苏其中一个最重要的法宝就是降低成本。当然了，打破垄断也能刺激消费，扩大内需。

第三节　税费枷锁

中国企业税负之高，想必各位有目共睹。计划经济时代，中国以国有和集体企业为主，税负高、福利也高，这可以理解。但现在我们已经是社会主义市场经济国家了，一直在要求欧美承认我们的市场经济地位，还是那么高的税负却没有相应的福利就不正常了。根据福布斯公布的“税负痛苦指数”，中国排名仅次于法国，我认为这是可信的。但问题是，我们的福利水平能和法国比吗？

我们中国真是一个奇葩的国度：一方面，我们注意到几乎所有的企业，包括国有企业在内都在逃税和避税；另一方面，我也听许多企业家说部分地方政府为了拉升本地的GDP政绩，到年底的时候大量多开增值税发票，是否真的缴税了则不得而知，留给有心人去统计吧。

高税费必然带来下面的恶果：一是抑制投资；二是推高物价，助推通胀；三是与高物价连带的抑制消费。最近我看到中央采取了一些降低税负的措施，比如小微企业免征所得税、营改增，减轻企业1200亿税负，出版物销售环节免征增值税等。但是我觉得这样还不够，增值税和所得税税率还是太高，个人所得税起征点还是过低。最让人气愤的是竟然没有资本利得税，一个小白领辛辛苦苦上班，一个月赚

5000 元要缴税，但是拿几个亿去炒楼炒股的人反而不用缴资本利得税，这是典型的劫贫济富。我们应该学学里根经济学（对这方面内容有兴趣的读者可以看看我的另一本新书《郎咸平说：改革如何再出发》）。当然了，如果大幅降低税负，也就意味着我们的征管水平需要接受考验了。

降低企业税负的好处不用我再多说，因为我们的政府已经享受过对三资企业减免税的益处了。

第四节　融资枷锁

贷款难，利率高，是目前套在中国企业，尤其是民营企业脖子上的枷锁之一。关于这个问题我在《郎咸平说：改革如何再出发》一书中进行了详尽分析。

我们超发了那么多的货币，而银行又闹钱荒，那么“钱去哪了”？据我观察，中国不差钱也不缺钱，这些钱都去国企那里了、去地方政府那里了、去影子银行那里了。而国企的钱呢，也去影子银行那里了。够乱了吧。根据统计，影子银行的规模也各不相同，2013 年的时候中信银行统计说中国影子银行规模在 17 万亿，《金融时报》说在 20 万亿，瑞士银行说在 13.6 万亿~24.4 万亿，《南京证券》估计在 28.6 万亿。2012 年 9 月 12 日达沃斯论坛上，当时中国银行董事长肖刚说，未来五年最大的金融风险就是中国的“影子银行”体系。因为目前银行发行的“资金池”运作的理财产品本质上是“庞氏骗局”。大多数的理财产品期限不足一年，三分之二不足三个月，大量短期融资被投入长期项目，一旦面临资金周转的问题，一个简单方法就是通过新发行的理财产品来偿还到期产品，当借不到钱了，资金链断裂，这种击鼓传花就没法继续下去。所以到最后借款利率会越来越高，钱再次扎堆到影子银行那里去了，我们的房地产业、制造业，还有其他实体经济将更加痛苦，从而加速滞胀的到来。

为什么会导致滞胀？这样高的利率，会造成企业运行成本升高，物价能不涨吗？更严重的是导致经济滞胀，本来投入到制造业或者服务业的钱，都到影子银行赚取高额利润去了，或者做实体经济的人因为贷不起款停工或者减产，这就是“滞”，这样中国经济滞胀的局面就发生了。

我们再看看美国、日本和欧盟的利率，都没有超过1%，所以人家首先制造业复苏了，紧跟着服务业也复苏了，其金融业，包括股市等资本市场，自然是高歌猛进。通过对比，我们完全可以得出这样的结论，那就是中国的实体经济被银行业绑架了，同时顺便也绑架了股市。银行及其衍生的影子银行，这种高利贷式的对中国经济的盘剥，如果不打破的话，中国经济就看不到春天。

第五节　地价枷锁

土地及其附属物的价格，是企业最沉重的负担之一，而且一直是中国经济滞胀的推手。更不用说房地产了，它的70%是税费，其中土地相关的税费又占最大头。

国家统计局关于洛阳25家小微服务业企业的调查显示，小微服务业企业的租金占营业收入的10%，多的能到30%，而企业的利润率也只有10%而已。也就是说，100元的营业收入中，商家只赚10元，房东却赚10~30元。在一个自由的市场，长期来看不同行业的回报率应该是1∶1。简单来说，就是你投资一个小企业要花100万元，长期来看，你的利润率应该和把这 100 万元投资到土地上的回报是一样的。实际操作中，政府要鼓励创新，鼓励拉动就业，所以要压低土地这种不创造生产力的要素的成本，这就导致投资企业的回报率要高于投资土地这种不动产。但是中国完全搞反了，房东的利润最高能达到企业的三倍，这不明摆着鼓励有钱人炒房炒地吗？

在制造业领域，地价其实决定着物价，也决定着企业的利润。如果地价、租金回归正常，企业利润将明显增加，只有降低产品定价才能增加消费。但是我们的政府不这么看，只有把资源集中在土地上它才能收取更多的税，也才更加方便它收税。但这不是一个小问题，房子只能创造一次价值，像我们中国这样把房地产当做支柱产业的国家，全世界绝无仅有。

我们由地方政府垄断土地并进而操纵地价的情况，该彻底结束了，房子金融化的情况也该结束了，房子作为升值最快的资产的情况也该尽快结束了。如果不结束，再让地价租金绑架企业，大家更不会去搞实体经济，我们中国经济也就真没救了。

第六节　人才枷锁

我在各地演讲中，听到企业家抱怨最多的问题，就是遇到人才瓶颈。也就是说，我们的教育系统生产的产品也就是人才不合格。那么，我们的人才状况究竟是什么样子呢？就是大家都说的那样，“既入不了厅堂，也进不了厨房”，大批毕业生是高不上去，也低不下来。总之，培养的都是企业没法用的人。

造成这种情况的原因，一是教育体制僵化，学校没有自主权。关于这个问题，在本书前面的章节中已有涉及，此处不再作过多阐述。

二是职业教育被漠视。我们过去搞“教育产业化”，“大学大跃进”已经造成恶劣后果。社会本来应该以职业教育为基础的，大家想想每天生活工作的地方，有多少工作必须是大学生来完成，又有多少制造业岗位需要熟练技工。很明显，技术工人不够！现在我们全变成了所谓的精英主义教育。如果中国大学培养的学生真的全部是精英，我看这个国家稳定不了。中德都是制造业大国，我们偏偏不学德国。德国16~19岁的人中70%选择接受企业办的各种职业教育，包括机床操控、汽车维修、船舶驾驶、烹饪、首饰加工等。而且教育部绝对不歧视他们，不像我们，和德国一样的技工学校根本不被纳入教育系统，不拨经费，学生自掏腰包去学，而且教育部不承认这些学校的学历。中国有所谓的公办职业教育学校，大部分也是有其名无其实，学生出来后也基本没用，就连老师自己也没几个真正在工厂操作过。

既然人才瓶颈已经成为限制我们企业发展的枷锁，如何打破，那就是要改革我们的教育制度；如何改革才能见效快，那就是要放开职业教育，并且真正纳入国民教育体系，支持职业教育。对于那些所谓的三本大学，其中绝大多数可以鼓励它们转为职业技术学院，全部卖给或者交给民营企业去运营，因为企业最清楚自己想要什么人。

第七节　社会枷锁

中国企业的枷锁真的很多，我也真的为在中国办企业的企业家感到悲哀。在中国办企业真难，我也非常敬佩那些还在中国坚持办企业的企业家，当然国有企业经营者除外。下面我再说说，中国企业的社会负担，关于这方面未来我会做专题研究，今天我只是粗略地与各位说说，你就会感到在中国做企业该有多么悲哀和不易。

所谓社会负担，我认为主要来自四个方面：一是来自享有政府权力的事业单位；二是各类群众组织；三是各类官办的协会；四是来自社会保障制度的不健全。

我只给各位举一个例子，就是各种职业或者职业资格的考试和培训。根据我的不完全调查，中国现有各类职业资格考试成百上千个，什么护士证、教师证、货运资格证、计算机资格证等等，每个资格证里面又分为好几个等级。而且取得了资格并不算完，每年还必须参加继续教育培训，没资格不能上岗，每年没完成规定的培训学时也不能年检过关。自从劳动法实施以来，在法定的假期越来越多的情况下，企业已经不堪重负，产品或者服务的成本越来越高，这种情况下，企业的竞争力只能越来越低。这是法律给企业造成的负担，而我们的社会呢，又有千万只手再伸向企业，通过各种所谓合法或者非法的方式，向企业要钱，说得难听一点就是抢钱。

我们回过头来再说一下资格考试，据我们研究，某行业资格考试报名费和考试费用200元，每年需要培训50多学时，学费为1500元，而且学习时间都是占用上班时间。仅这一项考试及其培训，企业负担的成本大家自己算算就清楚了。

对于各种资格考试，我个人认为其主要目的就是个别利益阶层为了赚钱，结果呢，除了增加企业成本之外，还有一个更大的害处就是增加了就业门槛。当然，除了资格考试之外，还有各类检查和评比，企业也是不堪忍受。

第八节　假货枷锁

央视每年的“3·15”晚会，成了中国一道亮丽的风景线，各种题材假货曝光，也算是中国特色。甚至“3·15”晚会本身也是“假货”，央视财经频道总监郭振玺借此敛财20多亿。作为中国人，我为此深感丢脸。

假货横行，已经突破了商业伦理的底线。据一位律师朋友说，我们国家的知识产权法律体系非常完整和先进，出现这种状况的原因，就是政府和相关执法部门的不作为。只有做好知识产权执法，才有资格谈创新。这就是我们对此强调的我们营商环境恶劣的主要原因。据与我合作的出版社讲，我所有的书，在出版一周内盗版就出现在市场上了。他们说全国至少有二十几个盗版商在盗版我的书，其中以华北某省最为严重。我问为什么不打击呢，出版方说，无法打击呀，跨省办案，人没到，盗版商就得到信息了，人就跑了。执法的人不能跨省，但是书却可以跨省，淘宝上买盗版书很方便，而且这些商家手中既有盗版书也有正版书，精明得很，所以如果执法部门不重视的话，你根本无法根除。

各位想想，出版业还算小行业，那么制造业呢，食品药品行业呢，如果你是企业家，愿意在这样的环境投资吗？一个不保护知识产权的社会，会有创新能力和动力吗？

那么对企业的害处是什么呢？第一，会增加企业的成本，因为被假冒、被盗版，结果肯定是投资回收期延长，或者干脆就无法收回投资；第二，投资回收期延长，产品价格必然会提升；第三，企业投资研发新产品的动力会降低。

第九节　国际化枷锁

我们不说世界级的大企业，就说欧美那些中小企业吧，人家在研发产品时首先考虑的是面向全球市场。仅以欧美那些文化产业巨头为例，一部电影、一部动漫甚至一本书的打造，面向的都是全球市场。这是一种什么样的格局和视野？我们国内的企业呢，有这样的视野和能力吗？面向单一的国内市场，你的价格能不高吗？

我想造成这种局面的原因，除了企业自身的原因之外，那就是在开拓国际市场方面，我们政府的一些制度和做法，等于给企业套上了一个枷锁，一个企业国际化的枷锁。这个枷锁具体表现在：一是金融不开放，二是各种审批手续过于烦琐。如果一个国家的企业没有面向全球市场的能力，肯定会被淘汰，而在这方面，政府要做的工作还很多。

第十节　法律枷锁

我们现在大谈依法治国，但是我要问，法律错了怎么办？在我看来，现在设立上海自贸区和取消下放审批权，遇到的最大的障碍就是法律的障碍。一部针对企业的法律，如果法律规定本身就是错误的，或者违反市场基本精神的，那就会变成束缚企业经营和发展的枷锁。

我到现在都没看到清理法律的系统化措施，只看到了公司法在注册资金方面的修改。我们的政府首脑和发改委近期不断强调，对公权力“法无授权不可为”，对私领域“法无禁止即可为”，但是我还是要问，那些不符合三中全会精神和上面两条精神的法律法规，什么行政法规、政府部门规章，还有那些地方性法规和地方政府规章呢？你怎么办？我觉得应该做系统清理，如果不做系统清理，你就无法从法律精神层面实现“法无授权不可为”和“法无禁止即可为”，三中全会的改革精神就无法落实到法律层面，改革的结果也就不能用法律的形式固定下来。其结果，不但是没有改革，而且很可能是最坏的改革。企业和企业家就很可能沦为最弱势的群体，我们国家和民族最悲哀的时刻就会到来。

上面谈到的束缚企业发展的十大枷锁，不是我危言耸听，而是血淋淋的事实。这些枷锁，从企业层面看，必然会加大企业成本；从国家经济层面看，就是经济滞胀的推手；从民生层面看，就是物价持续高企的根源；从社会层面看，就是社会不稳定的根本原因；从吏治上看，会使政府和官员越来越腐败；从道德上看，会令民风越来越腐化。不打破这十大枷锁，国家和民族，企业和老百姓都没有未来和希望。

第四章

企业该何去何从

最关心萧条的应该是我们的企业家们，但是从企业层面来讲我一直认为“只有萧条的企业，没有萧条的行业”，因为老百姓衣食住行的需求是一直都存在的，企业需要改变的只是经营方式。在这一章我首先要谈一下在目前的萧条下李嘉诚是如何在全球排兵布阵的，大家可以学学这位华人首富的投资经；其次我要谈另一个企业家们都非常关心的问题——家族企业的传承，如果传承自己的企业，无论是子女接班还是聘请职业经理人打理，都是不小的难题；最后我要谈一下民营企业在十八届三中全会后遇到的问题，以及如何正确看待《中华人民共和国反垄断法》（以下简称《反垄断法》）。

第一节　没有萧条的行业：李嘉诚的排兵布阵

宗庆后的女儿宗馥莉说：“李嘉诚都要走了，我为什么不能走呢？”所以“李嘉诚要走”似乎给我们中国带来了极大的震撼，那么他真的要走了吗？据媒体的报道，李嘉诚已经把几个物业抛售了，其中包括香港的百佳超市、嘉湖银座广场，以及内地的广州西城都荟广场和上海东方汇经中心，据估计总金额高达410亿港币，李嘉诚准备拿这笔钱去英国投资。根据我们所搜集的资料显示，近几年来李嘉诚陆陆续续在英国投资超过4000亿港币，他已经控制了英国25%的天然气、30%的电以及7%的水，难怪英国人惊呼："李嘉诚控制了英国！"

那么李嘉诚真的是要退出中国转战英国吗？这才是值得我们关心的话题。首先我们不要随风起舞，不要媒体这么一说咱们就跟着激动、就开始评论，我们应该用数据说话。各位知道李嘉诚的商业王国有多么庞大吗？

下页图所示就是李嘉诚所控制的企业，包括上市公司以及非上市公司，密密麻麻的控股结构彰显了他的商业王国有多么庞大。李嘉诚直接控股的上市公司就多达22家，总市值9370亿港币，再加上他在新加坡控股的一家，在加拿大控股的一家，总市值应该是1.2万亿港币。这1.2万亿港币是什么概念呢？10年前它占到香港上市公司总市值的28%，2013年占到香港本土上市公司总市值的13%。这次李嘉诚卖掉的4个物业，总收入是410亿港币，只占到1.2万亿港币的3.4%而已。这么说起来比例似乎并不大，那么问题是什么？问题是过去几年里李嘉诚在英国投资超过4000亿港币，这4000亿港币占到他整个商业帝国的1/3，也就是说李嘉诚整个帝国的1/3的投资量都转移到英国去了，这才是值得我们关切的事实。

除了把上述4个物业卖掉以外，2013年9月28日李嘉诚旗下电能实业宣布将香港电灯部分股权分拆上市，估计又可以拿到400亿港币左右，这笔钱李嘉诚还是要投到英国去。这几年李嘉诚持续对英国增加投资，让我们不得不感慨他可能真的要走了。李嘉诚这个人跟我们想的是不一样的，他的经营理念非常值得我们分析。那么下面我们就来分析一下他到底在想什么，他又有什么投资理念。

2003年的时候我在北京上课，刚好有机会跟李嘉诚做过论坛，会上有人问过他一句话："李先生您成功的关键是什么？"他讲了两个字

李嘉诚的商业王国

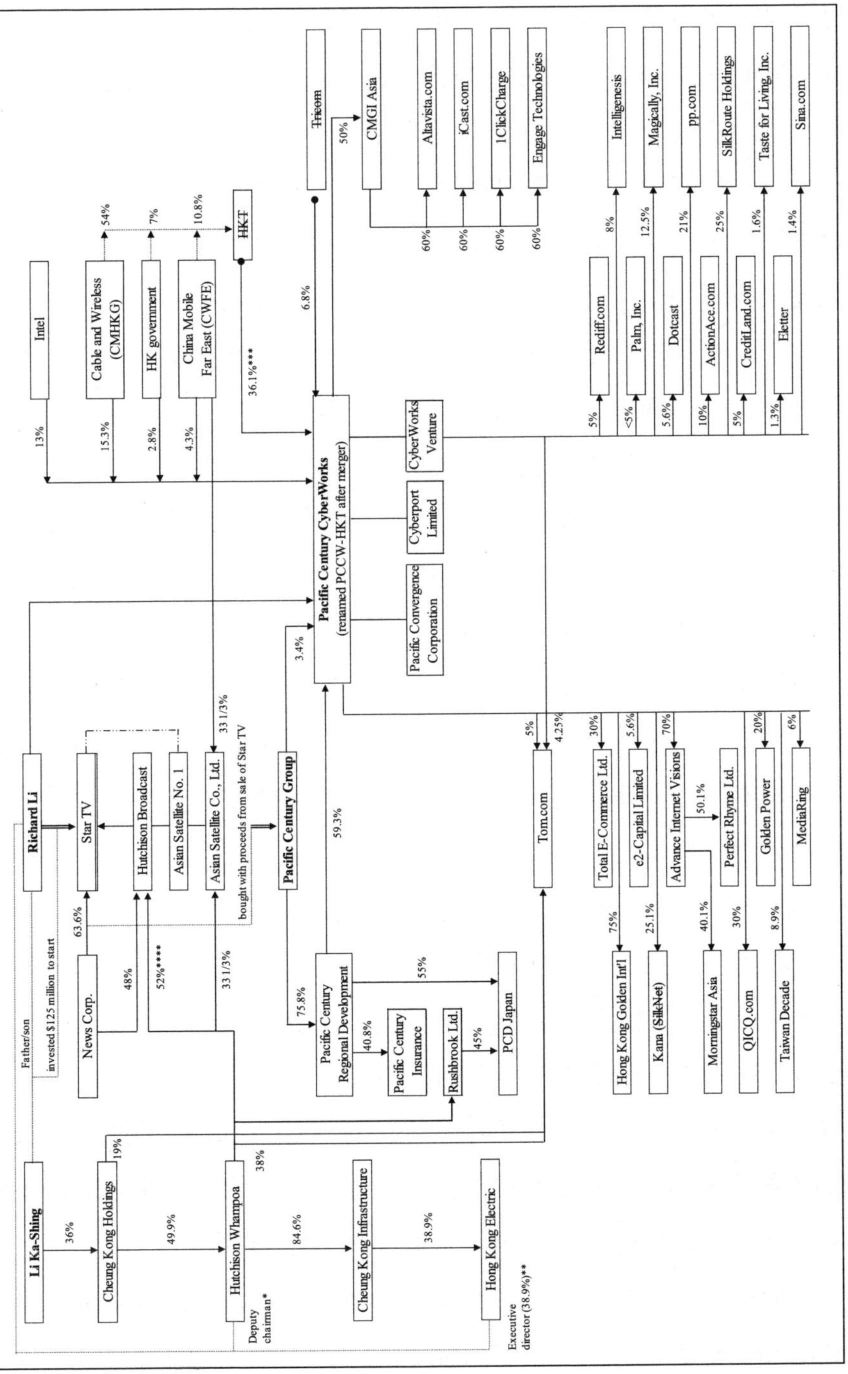
Li Ka-Shing
Cheung Kong Holdings
Hutchison Whampoa
Cheung Kong Infrastructure
Hong Kong Electric
36%
49.9%
84.6%
38.9%
19%
38%
Deputy chairman*
Executive director (38.9%)**
Father/son
invested $125 million to start
Richard Li
News Corp.
Star TV
Hutchison Broadcast
Asian Satellite No. 1
Asian Satellite Co., Ltd.
bought with proceeds from sale of Star TV
Pacific Century Group
63.6%
48%
52%****
33 1/3%
3.4%
59.3%
75.8%
Pacific Century Regional Development
Pacific Century Insurance
Rushbrook Ltd.
PCD Japan
40.8%
55%
45%
Intel
Cable and Wireless (CMHKG)
HK government
China Mobile Far East (CWFE)
HKT
13%
15.3%
2.8%
4.3%
54%
7%
10.8%
36.1%***
6.8%
Pacific Century CyberWorks
(renamed PCCW-HKT after merger)
Pacific Convergence Corporation
Cyberport Limited
CyberWorks Venture
Tricom
CMGI Asia
50%
Altavista.com
iCast.com
1ClickCharge
Engage Technologies
60%
60%
60%
60%
Rediff.com
Palm, Inc.
Dotcast
ActionAce.com
CreditLand.com
Eletter
5%
<5%
5.6%
10%
5%
1.3%
Intelligenesis
Magically, Inc.
pp.com
SilkRoute Holdings
Taste for Living, Inc.
Sina.com
8%
12.5%
21%
25%
1.6%
1.4%
Tom.com
5%
4.25%
Total E-Commerce Ltd.
e2-Capital Limited
Advance Internet Visions
Perfect Rhyme Ltd.
Golden Power
MediaRing
30%
5.6%
70%
50.1%
20%
6%
Hong Kong Golden Int'l
Kana (SilkNet)
Morningstar Asia
QICQ.com
Taiwan Decade
75%
25.1%
40.1%
30%
8.9%

令全场都感到特别意外——“保守”。“保守”这两个字我相信国内企业家是说不出来的，因为我们的企业家最喜欢做大做强，不但不保守，反而反保守，几乎每个人都想着一定要做成中国最大的、最好的。

那什么叫保守呢？我以地产为例，香港地产的四大天王，包括新鸿基、恒基兆业、新世界和李嘉诚的长和集团，资本负债比例是25%左右（借的钱除以资本——不是资产而是资本——只有25%）。内地的地产企业资本负债比例大都超过100%，就算是资产负债比例我们很多地产公司也达到70%以上，这样有多危险相信不需要我再多说。香港地产四大天王为什么能做得好，存续了几十年，就是因为保守，它们不是借不到钱而是故意不借，因此资本负债比例只有25%左右，此外还有现金，占资产的比例为10%以上。控制这么多现金干吗？就是为了保守。

衡量一个真正伟大企业的标准，不是看它在经济好的时候能够赚多少钱，而是看它在经济大萧条的时候，碰到危机冲击时能够不倒闭，这也能体现企业家真正的水平。所以我也要把“保守”这两个字送给我们中国企业家，千万不要告诉我你的企业有多大，那真的不重要，如果你能做到碰到经济萧条跟大危机从容应对而不倒闭，这才是真正的企业家的情怀、企业家的精神。

针对李嘉诚保守的性格，和他为什么决定投资到英国，我们做了一系列的分析。在我看来，李嘉诚是一个纯粹的商人，他的整个思路就是回报率不好的项目一脚踢开，回报率好的项目加紧投资。因此表面上看起来是李嘉诚抛弃中国资产去英国，实际上他是在贯彻自己的这么一个理念——提高投资回报率。不管这个投资在什么地方，在英国也好，在中国香港也好，在中国内地也好，反正他只是努力地追求投资回报率。那什么叫投资回报率？说白了就是利润。

我曾在电视节目里一再告诉各位，企业的利润是真正的内需，只有企业能够获得利润它才能够茁壮成长，经济才能够得到发展。因为只有企业赚到大钱它才可能给员工加薪，员工才可能有更多的钱去消费。只有企业能够赚到更多的钱，政府才能够收到更多的税。只有企业赚到更多的钱，股价才会上涨，老百姓的财富才会增加，消费也才会增加。也只有企业能够赚到大钱，它们才会增加转投资。所以整个国家的消费跟投资和企业的利润是息息相关、密不可分的。因此依照李嘉诚这种保守的性格，他所追求的不是企业规模的增长，不是有多大的地块，不是有多么庞大的商业帝国，而是只有一个目标——增加利润，也就是提高企业的投资回报率。

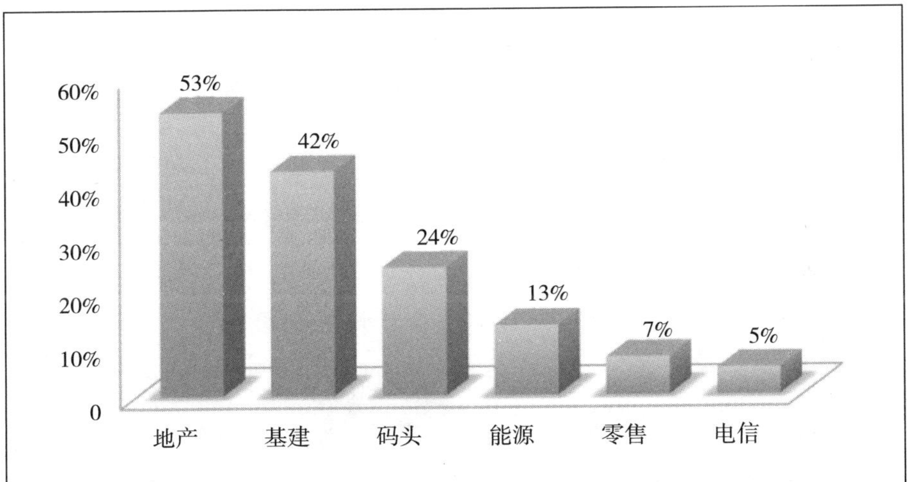

那么我们先看看他所抛弃的这几个资产具体是什么样的情况。第一个是百佳超市。香港有四大超市，百佳、屈臣氏是李嘉诚的，此外还有万宁和惠康，其中百佳占了市场份额的33%，这个比例是相当高的，但是回报率却一点都不高，只有3%。这个回报率对于李嘉诚来说是不可忍受的。下图所示为李嘉诚控制的每一个行业的投资回报率（也叫毛利率），其中地产最高，是53%，基建（此处的基建是指天然气、水跟电）其次，达42%，码头是24%，能源是13%，零售是7%，电信为5%。

百佳超市3%的毛利率实在是太低了，与李嘉诚旗下的地产和基建简直不能比。所以作为一个保守的只追求利润的企业家，李嘉诚一定会把它一脚踢开。这样做有什么结果呢？我们做了一个测算，卖掉百佳超市可以使李嘉诚整个零售业的回报率从7%上涨2个百分点，变成9%。而且李嘉诚还有一个新的计划，就是要对屈臣氏进行处理，可能卖掉，也可能分拆上市，但是目前未定，我们可以拭目以待。

第二个是嘉湖银座广场。这个广场位于元朗，元朗在香港是所谓的贫民区。嘉湖银座广场出租率高达95%，但是回报率非常低，据我们测算只有3.8%。这样的回报率是李嘉诚绝对不能忍受的，而且因为位于贫民区，就算是你再努力经营它的回报率也很难上升。所以我非常理解李嘉诚的做法。卖掉嘉湖银座广场之后，李嘉诚整个地产业回报率还要增加2个百分点。

第三个是广州西城都荟广场。这个广场最初设计就有问题，在一个批发市场旁边搞了一个高端购物广场，所以到目前为止只出租了75%的店面，回报率也只有3%而已，未来的状况也并不乐观。因此李嘉诚当然会把它一脚踢开。

最后一个是上海东方汇经中心。这是一个办公楼，2012年开始招租，最初预计租金每平方米每天能够收15~20元，可问题是附近的顶级写字楼金茂大厦也不过收9元而已。坦白讲李嘉诚最初的投资金额并不大，大概总共只投资了16亿而已，即便像金茂大厦一样租金收到9元/（平方米·天）也应该是不错的，这样回报率可以达到18.75%，这在中国来讲算是一个相当不错的物业。那么这也是为什么媒体又报道说这个项目不一定会卖。《中国经营报》2013 年 9 月 14 日报道说，“长实管理层对东方汇经中心项目仍秉持着长期持有的倾向，目前尚未有任何出售的决定。”只要它的回报好、利润高，李嘉诚就不会卖、就会保有。那么还会不会有出售的官方决定呢，我们拭目以待。

李嘉诚对这 4 个物业的处理，完全符合我们之前所做的分析：李嘉诚是一个性格保守的纯粹的商人，追求利润是他的唯一目标，所以投资回报率低的项目才会被他一脚踢开。

那么为什么媒体又评议说李嘉诚不想在内地搞房地产了？真是这样子的吗？请记住，我一再重复的是李嘉诚绝对不是想把自己变成一个房地产大王，他唯一的想法就是这个项目的利润高不高。比如说融创中国用 21 个亿买下北京三环边农展馆的土地，这块地价格相当高，同时还要负担 28 万平方米的医院的用地跟建筑，你说李嘉诚会不会做？他当然不会。还有新鸿基在上海的徐汇区也要了一块地，买地就花了 217 个亿，等它都建好可能要花 400 个亿，而且其中 60%的面积持有时间不能低于 10 年。我们以新鸿基拿到的这块地做了一个估算，它的回报率大概只有 5%，收回成本要 20 年。那我请问你，5%回报率的项目李嘉诚会不会做？不会的，这就是他为什么不去跟新鸿基竞争拿上海徐家汇的地。那他又为什么不跟融创中国竞争，投资 21 个亿拿下农展馆的地呢？这块地是住宅用地，按照我们的计算，如果这么多钱投下去，每平方米楼面价格就是 7 万，如果再把别的费用都加进来，每平方米要卖到 15 万。请你想一想李嘉诚会不会做？我相信一定有人会做，但是他不会。为什么？农展馆附近的二手房 4 万元/平方米，就算你要建一个超级豪华大厦，那么价格翻一番能卖到 8 万就不错了。当然，卖到 15 万也并不是不可能，可你有没有想过压力会有多大，这个回报率说不定就是负的，除非你对未来有着莫名其妙的乐观，除非你认为北京房价会像坐火箭一样的涨，你才有可能会做这个事。所以这就是为什么他不会拿下农展馆的地，因为楼面价格太高。

这么一来你会发现李嘉诚并不是像有些媒体所说的那样要退出中国地产，他不是要离开，而是他只有一个商业思维，他才不想成为什么地产大亨、电信大王，或者是哪里的大佬，他只有一个考虑，那就是回报率，也就是利润。

那他为什么要到英国去投资呢？请记住，李嘉诚旗下第二重要的就是基建，包括天然气、水跟电，回报率是42%，是非常稳定的回报。而且英国刚刚经历过大萧条，现在买很便宜，所以这个时候不买还要等到什么时候再买？举一个例子，你赚20块钱的话回报就是20块，那么如果你投资100块回报率就是20%，投200块呢，回报率只有10%。如果投50块钱呢，那就是40%的回报率。所以，如何能够有高的回报率呢？那就是你的投资金额越少越好，这是很容易理解的事情。李嘉诚的整个基建业就是42%的回报率，所以对他而言，为什么不投资50块买英国的这些基建项目呢？

近几年李嘉诚总共在英国投资了4000亿，其中700亿收购了英国的电网，290亿收购了水厂，还用77个亿收购了天然气。我认为他这些投资一定是因为投资金额很低，因而回报率自然提高。所以这就是李嘉诚的经营理念，如果投入50块就能够赚到20块的话那就是40%的回报率，他为什么不做呢？所以他投资4000亿到英国，这不是不可以理解的，因为这完全符合他的经营理念。

可能有人会问我这样一个问题：“李嘉诚旗下的电信业的回报率只有5%，既然回报这么差，他为什么还会投入这么多的钱去做电信呢？”我要提醒各位，李嘉诚投资电信和投资所谓的基建是完全不同的概念。之所以投资基建是因为之后能够取得长期稳定的回报。投资电信却完全不是这么回事，他根本不是为了持有，而是为了卖而去买。1991 年李嘉诚投资了英国移动业务，1993 年收购了移动网络 orange，前后总投资 84 亿港币。当时很多人对此都不看好，但就是这个项目覆盖了英国98%的人口。可想而知，这是一个多么好卖的项目啊。最后，一个买家来了——1999 年德国曼内斯曼钢铁公司看上了它，最后花 1180 亿港币买下来。从 1991 年的 84 亿港币买入，到 1999 年的 1180 亿港币卖出，表明每一年的回报率高达 39%，接近 40%，这和他的地产、基建是不相上下的。所以最后你会发现，表面上看起来李嘉诚的电信业务回报率只有 5%，但这只是长期持有的回报，一旦低买高卖，回报率就会有大幅度的跃升，这是一个非常惊人的企业战略。

最后我们再来总结一下，在李嘉诚的所有业务中，地产是最好的，商业地产只租不卖，整体回报率超过 50%；其次是基建，除了控制香港的基建之外还大量转战欧洲，所以继续维持 40%的回报率；再次是通信，通过低买高卖可以使回报率从 5%暴涨到 39%；最后是所谓的较差的零售，虽然只有 7%的回报，但是卖掉百佳超市后可使整个零售业的回报率增加。有消息称，李嘉诚 2014 年也有可能对屈臣氏做新的处置，这不是不可能的，把回报率低的业务踢开，然后只做那些回报率高的项目，这完全符合他的商业理念。除了上述几项业务外，还有能源和港口，目前还没有看到他有什么新的、大的计划。但我相信在我们不知道的当儿，他可能正在开始下一轮的投资行动，而且目的很单纯，就是要拉抬企业利润，提高回报率。这才是一个有序经营保守企业家真正追求的目标，这一点值得我们内地企业家学习。

第二节　企业传承的难题

未来10年中国企业家最关心的问题，不仅仅是人民币汇率、劳动力价格、税负过重等这些加在民企身上的枷锁，还有自己的企业该如何传承下去。改革开放至今30多年，第一批下海创业的人已经面临退休，这是我们面临的最实际的问题。中国的企业家不仅仅要学李嘉诚的排兵布阵，更要学他是怎么顺利把自己手中的权力交给大儿子李泽钜的。

中国社科院的调查显示，中国第一代企业家的平均年龄已处于55岁至75岁，此后5到10年内，全国将有300多万家民营企业迎来代际传承。截至2012年7月15日，A股有1394家民营企业，其中有684家为家族企业，但只有7%的“二代”正式接手家族企业，剩下的绝大部分企业还在创一代手中。目前全球前100名富豪有34%是来自于继承，中国的前100名富豪只有1%是来自于继承，其他的都是富一代在掌控。所以这个数据也证实了一个观点，也就是说财富还在第一代手中正要开始传给第二代。那么我们的第二代能不能有所作为，将第一代的事业发扬光大，这不单是这些家族的责任，就是对全国老百姓而言都是一个重大的事件。因为只有他们做得好，我们老百姓才有工作，只有企业赚大钱了，之后才可能给员工加薪。可以说，我们全国的老百姓都和这些家族企业有着密切的关联，如何取得双赢是每一个老百姓所关心的话题，相信没人想看到双输。

既然谈到家族企业，我们首先要谈一下家族企业传承正常吗？很多家族企业老板是我的学生，他们中有些人会说“我觉得家族传承不好，应该聘请一个职业经理人来打理”。其实这种想法就是错的，为什么？家族企业才是世界的主流，非家族企业反而不是主流。而且，家族传承的企业比职业经理人打理的企业更有生命力。美国上市公司中职业经理人控制的占65%，家族传承的公司占35%，但是家族企业经营质量更好。如下图所示，美国上市公司中按10年平均值计，家族企业的股票投资回报率为15.6%，而非家族企业的股票投资回报率则只有11.2%；家族企业资产回报率5.4%，非家族企业为4.1%；收入差距就更大了，家族企业年度收入增幅23.4%，非家族企业为10.8%。

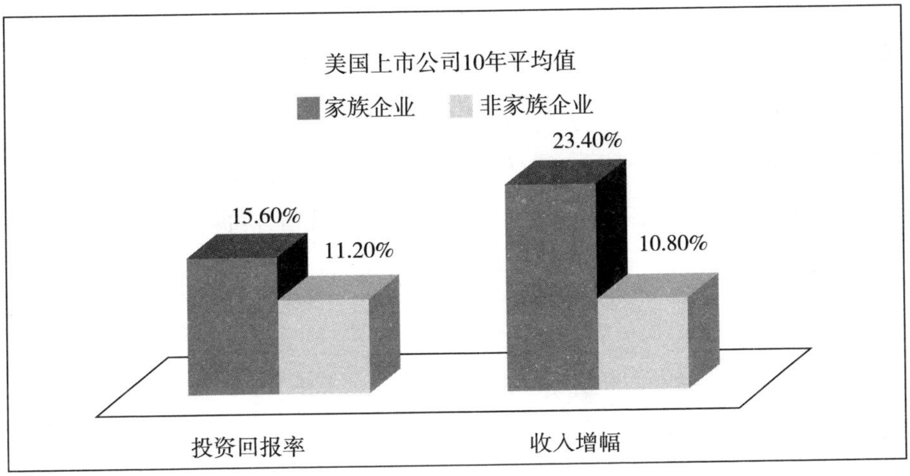

家族企业传承是全球的主流，据美国季刊《家族企业》杂志的统计，美国家族企业的占比达到54.5%，英国为76%，澳大利亚是75%，西班牙是71%，意大利、瑞典和德国超过90%。但是我们中国还没有建立起一套顺畅的交接班流程。我的同事、香港中文大学的范博宏教授对近20年来中国香港、中国台湾、新加坡200宗家族企业传承作了深入调研，企业从第一代传承到第二代的时候公司的价值平均损失60%，其中香港更严重，从富一代传承到富二代家族企业的市值要损失80%。之所以如此，范博宏认为其中一个比较重要的原因是家族成员内斗。最典型的是香港新鸿基郭氏三兄弟，刚开始接手时还能齐心协力，家族资产从他们接手时的254亿增长到2008年的2000亿港币。此后三兄弟开始内斗，先是两个弟弟联手把大哥赶出董事局，后来大哥自曝家丑举报两个弟弟拿地过程中行贿，导致2012年3月两个弟弟被捕，2个月后大哥郭炳湘也被捕，新鸿基地产股价先后蒸发几百亿。此外，香港罗氏家族内斗导致股价下跌90%，香港镛记酒家创办人的两个儿子内斗了两年多迟迟谈不拢，霍英东家族在他去世五年后矛盾爆发，这样的例子在这些豪门中数不胜数。

中国内地的情况有些不同，因为内地的富一代很多都是一个子女，比如说王健林、宗庆后、刘永好、马化腾、梁稳根、李彦宏等等。这样一来虽然不存在内斗的问题，但还有一个问题，那就是富二代的水平如何。下图所示是2010年到2012年富一代经营和富二代接管企业的对比，这是福布斯专门针对A股企业所做的调研，富二代接手的企业66家，富一代经营的企业645家。从下页图中可以看出，富一代经营企业的净利润复合增长率是9.9%，富二代接管企业则只有2.5%而已；富一代经营企业的三年平均净利润率是9.7%，富二代接管企业只有6.4%；富一代经营企业的资本回报率（ROE）为11.4%，富二代接管企业为10.2%；富一代经营企业的资产回报率（ROA）是5.8%，富二代接管企业为5.4%。

也就是说，依中国A股的现状来看，富二代接管的企业远远不如富一代经营的好，这也从一个侧面说明了富二代做得不够好，或者可以说能力有限。这才是最值得我们关心的话题。家族企业是一个全新的潮流，十八届三中全会更为民营企业提供了更多的发展空间，我们认为中国将来应该会成为一个以民营企业、民营家族企业为主导的

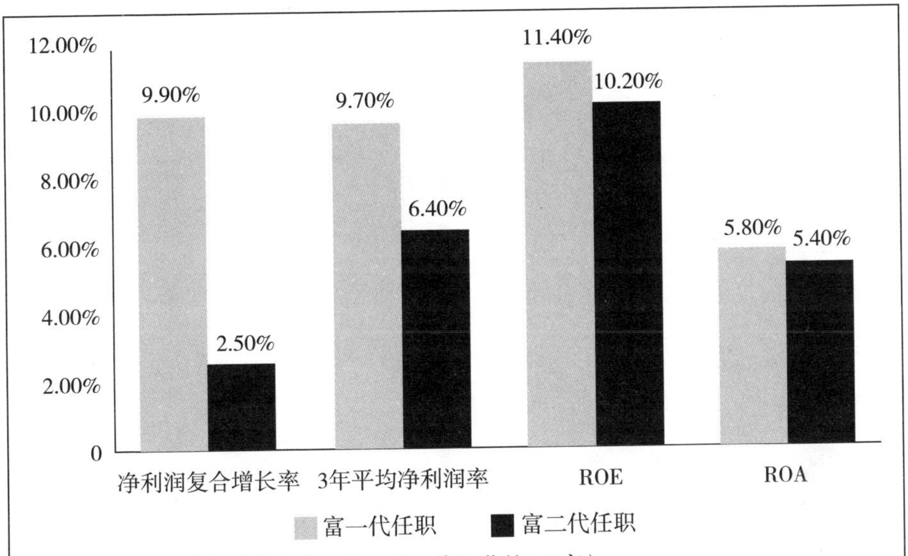

（样本：A股富二代接手的企业66家，富一代经营的645家）

经济体，如果富二代是这个水平的话，那我们的未来就堪忧了。只有企业经营得好老百姓才会好，只有企业赚大钱老百姓才能更富裕，这是一个密不可分的关系，是一个互利共赢的关系，我们一定要认真对待。

那么我们就要探讨一下为什么富二代做得不够好。据我所知，很多的富一代很早就把子女送出国念书，甚至念最好的学校，像伊顿公学、剑桥、牛津、哈佛、耶鲁等，可是这样做真的有用吗？是不是整个对第二代的培育都是错误的呢？

媒体报道宗馥莉说“我觉得政府需要面对我们这一代，我们这一代永远不可能像我老爸那一代一样”。很明显这是期待政府为企业改革，这个方向当然是对的，尤其是接受过西方教育的一定会认为：政府就是为企业服务的。但是在今天的中国还做不到这一点。当媒体问及：“难道要把企业整个搬到国外去吗？”宗馥莉反问：“真是有可能，你知道李嘉诚都已经搬出去了，为什么我以后不可能搬出去呢？”她没说错什么，对比一下，李嘉诚明明已经出去了还在为自己辩驳，说自己爱港爱国，没有搬出去，也不会搬出去，这就是差距吧！

另有统计显示，49%的第二代不认同父母亲的经营方法，但他们接班之后交出的成绩单还不如第一代，可见他们所谓的经营理念都是错的。难道他们在外国受过的教育都是错的？难道他们所接受的最先进的管理模式是错的？难道送他们出国是错的，所以才使得他们能力下降吗？当然，我现在没有办法给各位一个完整的解答，但是有两个思路我想可以给各位一个参考。

第一，以宗馥莉为代表的第二代并不接受中国的游戏规则。截至目前，我们的企业经营还是非常落伍的，举一个例子，如果你跟地方政府处得不好，那么我请问你怎么去拿地，又怎么去应付那么多的琐事，比如税务、卫生等等，因为这些关系搞不好就会很麻烦。所以说，如果你不想继承企业而只想像我一样做一个学者那无所谓，但如果你要继承企业却又不尊重游戏规则，那么受伤害的就不只是你自己而是整个社会。

第二，在国外学到的知识并不适用于中国。很多富一代不但把子女送到国外接受教育，甚至还希望他们能够在国外的企业工作几年后再回来，这本无可厚非。但是我想请各位记住，国外那一套教学理念和国外的企业传承是相通的，从学校学到的那一套管理模式到国外企业就能运用，因为他们所学的案例也都是企业的案例，直接可以用。所以，如果你在美国念书，然后直接到美国公司做事，那么可以学以致用。但是用于中国国内企业就不可以。各位知道为什么吗？美国企业家的管理模式是模块化的，也就是说他把整个公司的管理分成若干块，每一块都有专人负责，所有模块组合在一起又协调良好就是一个好的公司。中国的企业管理能够模块化吗？根本不可能。以我个人经验，如果某家公司请我去演讲，我要坐哪班飞机，什么时候抵达，派什么车去接，企业一把手如果不过问的话就一定会出问题。所以在中国做企业家非常辛苦，事无巨细都要亲自过问，只要不过问肯定就会出问题。假设你在美国工作了五年，学会了企业若干模块中的一块，可是就算你学得再精，拿回国内还是没用。这种模块式的管理模式拿到中国就会水土不服。

我相信以上两点是造成中国富二代所经营企业的绩效远远不如富一代的最主要的原因。我建议中国的企业家一定要在这方面花更多的精力和时间，好好思考一下如何做一个有效的企业传承，让自己的子女不但能够接手家族企业，同时还能发扬光大。我也建议富二代先不要去参加各种俱乐部，学习那些欧洲贵族的生活方式，而是先去学习父辈身上的优点，了解中国社会的特点，这是经营好企业的先决条件。同时，我们政府未来如何转型成为服务型政府，真正服务这些民营企业，创造一个更好的投资营商环境，让所有企业都能够茁壮成长，这才是政府应该关注的最重要的执政目标。

无论如何，我们的民营企业正在一天天壮大，交接班的问题也一定会克服，只是学费交多少的问题。十八届三中全会决定深化改革，让市场在资源配置中起决定性作用，对民营企业的限制进一步放开，这是前所未有的利好。民营企业会进一步壮大，这是政府松绑的必然结果。

接下来，我们谈一下民企马上会面临的问题：什么是垄断、腾讯QQ 和 360 之间的争执是不是垄断造成的、国企应该如何响应十八届三中全会精神退出竞争性领域。

第三节　什么是真正的反垄断

2013 年 11 月 26 日，360 起诉腾讯 QQ 垄断案在最高人民法院开庭，作为最大的互联网反垄断诉讼案这个案子备受瞩目。我先帮大家梳理一下：2010 年 360 开发了一款软件专门盯梢腾讯 QQ，看它有没有侵犯用户隐私。360 之所以这么做是因腾讯要推出和 360 直接竞争的安全类产品。360 为了拖延就声称 QQ 不安全，扫描用户盘等。腾讯随后发表了一则声明，对于安装 360 软件的用户不能使用 QQ；360 也呼吁大家停止使用 QQ 三天。最终两家选择对簿公堂。腾讯先告状，索赔 1.25 亿，360 拿起《反垄断法》反诉，索赔 1.5 亿。只要 360 能够证明腾讯在即时通信市场占有垄断地位，那么腾讯就是滥用市场优势地位。因为腾讯已经占了即时通信市场 75%以上的份额，所以腾讯拼命把即时通信市场的定义扩大，腾讯认为邮件、微博、gtalk 等都是即时通信市场范围。案件核心最后变成了如何界定即时通信市场。

在此我不想讨论到底如何界定即时通信市场，无可争辩的事实是，QQ 在中国有 7 亿用户，腾讯单方面宣布在装有 360 软件的电脑上停止运行 QQ 软件，这等于变相屏蔽 360。作为一个商业运营商，你有什么资格因为他人的计算机里装了什么软件而侵犯他人的通信自由？按照腾讯的逻辑，是不是微软也可以单方面宣布对装有 QQ 的计算机停止服务。腾讯借助 QQ 这一软件搭建起了一个 7 亿人的通信网络，这个通信网络应该是中立的，服务于网民的自由使用，而不应该歧视或者屏蔽任何使用者，更不能以侵犯个人的通信自由来实现运营商的商业目的。我并不是为 360 站台，只是想讲一个重要的互联网原则——网络中立。在我看来，360 与腾讯谁胜谁负不重要，更重要的是《反垄断法》能不能解决目前中国互联网的这种畸形现状，并进一步真正解决中国的国企垄断问题。

360在这件事上有贼喊捉贼的嫌疑，但腾讯的根本问题是违反了网络中立原则。在美国网络中立是一个普遍认知的原则，除了早期有一个麦迪逊河案，目前几乎没有任何网络服务商敢以身试法。麦迪逊河电信公司是一个本地电话服务商，它的全部业务就是靠语音电话，所以当IP电话出现的时候，麦迪逊河立刻感受到了威胁，因此它决定全面屏蔽IP电话。本来这就是当地的一件小事儿，但是在联邦通信委员会看来已经算大案要案了。联邦通信委员会立刻约谈了麦迪逊河电信公司的高管，都没用正式调查，也没多说一句废话，麦迪逊河立马认了1.5万美元的罚款，并表示即刻解除屏蔽。美国互联网的最基本精神就是网络中立，网络不许歧视任何使用者，不许限制任何使用者，这是美国网络自由的灵魂，仅仅是2006年到2008年两年之间就有8个国会法案是以加强网络中立精神为目的颁布的。为此我想请问，腾讯有什么理由不准网民在自己的电脑上安装使用某一款软件，有什么理由干涉网民的通信自由？作为网络服务商，你只能提供一个平台，至于网民想用什么样的软件，那是他个人的事情，你无权屏蔽。

因为没有网络中立，所以中国的网络市场是畸形的、邪恶的，完全打击了中小公司创新的能力。到目前为止腾讯QQ通信协议都是封闭的。实际上，通信工程系的大四毕业生就能写出来QQ这样的即时通信程序，有很多软件都能登录MSN，但是没有软件可以登录QQ。因为协议是封闭的，就意味着大企业无惧竞争，甚至可以封杀小企业；如果协议是开放的，就意味着小企业可以让大企业的庞大客户群为己所用。因此，大企业看到潜在的竞争对手，最好的防御就是花大价钱把小企业收购下来，Facebook收购在线照片服务商，微软收购Hotmail

都是这样的例子。因为这一点差别，所以在美国，小企业有什么创新都会被大企业收购下来，最后你会发现在美国做小企业很容易，一旦你的业务做得差不多了，大企业就会给你一大笔钱收购，这样创业者又可以接着去新的领域创业。可是在中国，小企业有了什么创新都会被大企业抄袭过来。腾讯在其他公司有某项业务以后就发展与此相关业务的有：腾讯微博、腾讯视频、腾讯音乐、朋友网、QQ 软件管家、QQ 网络硬盘、QQ 阅读、QQ 输入法等等。基本上，只要市场上有任何新的创意，都会被它在最短时间内抄袭，稍微改一下立马推向自己的 7 亿用户。你还拿它没办法，因为它不是完全抄袭。因此创新型小企业在中国根本没有生存空间。某些官员成天把创新、保护知识产权挂在嘴上，如果真的想推动创意产业发展，就应该从这里开始，推动知识产权保护，让包括软件业在内的小企业迅速发展。

真正可怕的垄断在于政府用行政力量干预市场。可以说任何享受政府给予特权的企业都是垄断企业，比如移动、联通、电信是垄断企业，工农中建行是垄断企业，电视台、广播电台是垄断企业，但民营的互联网企业不是垄断企业，因为谁都可以进入这个市场。《反垄断法》真正要起作用的地方是如何摆正国有企业的垄断地位和部分民营企业享有的政治特权。反对用法律、行政或者其他隐形的政府手段限制行业准入，给某些企业专营权，对不同企业给予不同的税收、信贷、补贴等方面的歧视，这是真正应该反的垄断。360 和腾讯这种民营企业至少还能有机会平等地坐到一起打官司，无论谁输谁赢至少有法可依，即使法院判决不公大家也都能看到。可是中国真正的垄断是银行、电信、铁路、石油、航空等巨型国企，你连说理的地方都没有。十八届三中全会决议明确提出要国企退出竞争性领域，这方面还有很多工作要做。

铁道部（2013 年 3 月全国两会过后，决定撤销铁道部，组建中国铁路总公司）垄断在线售票资格，这个应该放开。2012 年 4 月份铁道部运输局发布了一个“重要公告”，声称：中国铁路客户服务中心网站（www. 12306. cn）是销售火车票的唯一专业网站，铁路部门没有授权或委托任何其他网站开展火车票发售或代购业务，售票除了票价和 5 元服务费外，不能加收任何其他费用。大家知道铁道部为什么会发这个声明吗？因为铁道部自己做不了配送，所以它规定，任何想要做配送的只能免费，在铁道部官网上买票的乘客都得去火车站或者火车票代售点排队拿。2013 年 3 月 30 日国内最大的 B-C 网站京东商城推出了火车票预订和代购业务，每张票收 20~35 元的配送费。铁道部不能忍了，宣布不能加收任何额外费用，京东商城只得退场。但是，这个禁令只针对京东商城有效！为什么这么说呢？虽然有铁道部的禁令，可是我们在一些非官方订火车票网站还是能找到订票服务。北京目前有赶火车网等 6 家公司能够提供送票，其中 4 家还是免费送票，分别是京城火车票、北京东城售票处、在路上火车票、168 票务。问题是为什么这 6 家能够在线订火车票，更关键的是，在这里订票还不需要提供身份证原件和复印件，要知道即使我们在铁道部官网订票也需要拿身份证原件去火车站或者火车票代售点取票的，那么这 6 个网站是通过什么途径得到票的？为什么不允许京东商城配送火车票，但是赶火车网（www. ganhuoche. com）就可以有偿送票？值得一提的是，赶火车网的配送能力只能在市一级，再往下是送不到的，京东商城却连农村都送得到。铁道部官员无意中说了真话。12306 虽刚刚运营才几个月，但全中国无人不知，在访问量上屡创奇迹，“如果 12306 平台上市的话，估值在 100 亿元以上”。如果这个最具含金量的售票网被京东商城等网站所破坏，势必会大大影响 12306 的商业价值。

中航信利用垄断地位消灭机票代理商，这个也应该放开。民航业所有机票全部是通过一家公司预定的，也是我们的央企，叫“中国民航信息网络股份有限公司”，简称“中航信”。中航信是国内航班信息查询的唯一垄断商，所有查询航班信息的都要经过它的系统，包括航空公司和有资质的机票代理商在内。就是这家公司利用自己的垄断地位干了件很不光彩的事情。2010 年 7 月 20 日中航信下发通知，对外挂第三方平台的代理人作停机处理，且不予任何理由恢复。这个通知将导致 10 万家中小票务商关门。原本机票销售是通过有资质的经销商进行，这个审批非常严格，要卖机票仅注册资金就要 160 万元，所以有资质的代理商很少，目前取得中航信授权的机票代理商仅 100 多家。10 万中小票务代理商就是在这些授权代理商那里租一个端口，按照流量付费，其实就相当于这 100 多家授权票代的全国分支机构，现在中航信要把这 10 万家票代直接拉到自己的平台“航旅天空”，从而抛弃中间商。2010 年 3 月中航信曾强制要求各中小平台签署合作意向书，然后采用技术手段关停或降低它们的连接速度，直到 7 月份发现这些手段都无效，所以才宣布直接关闭外挂的销售平台。

通知刚刚发出时，有资质的代理商很气愤，当天晚上就以“中国百家机票平台联盟”名义发出信函反驳了中航信。但是，中航信根本不理。一周后，机票平台联盟向中航信求饶，发出了一封关于机票平台和中航信合作的建议书，建议书声称“机票平台无意和中航信为敌”，而是希望“达成和解，实现合作共赢”，表示希望中航信给中小票代正规接口并合理收费，中小票代还愿意帮助中航信分销比较弱势的酒店、保险、租车等产品。但是中航信断然否决和解的可能性，这些中小票代一部分关闭、一部分被迫去给中航信的平台交钱，以致那些有资质的代理商都被狠狠地坑了一把。

中石油中石化动不动就给民营加油站断供，这也是反垄断应该做的，甚至中石油应该把各地加油站有序公开地招拍挂，主动退出这个竞争性的领域。因为之前已经多次说过这一话题，在这里就不再赘述了。

真正的反垄断不是打击企业，而是帮助企业发展。波音公司成立于1916年7月1日，1934年根据反垄断法规要求被拆分成三个独立的公司：联合飞机公司、波音飞机公司、联合航空公司，也就是后来的联合技术公司、波音公司和美国联合航空公司。在随后70多年的运营中，这三家企业都成为世界五百强企业，并且是所在行业中的翘楚。波音公司大家都很熟悉，在1996年合并了麦道公司后，成为全球最大的飞机制造企业，现在是美国最大的出口“创汇”企业。联合技术公司的主要产品有飞机发动机、空调、电梯等。常常能在飞机发动机上看到普惠（P&W）的标志，就是联合技术公司的产品。另外，在建筑行业中经常使用的奥的思（OTIS）电梯和开利（Carrier）空调也是联合技术公司的产品。美国联合航空公司现在则是全球最大的民用航空公司。从历史来看，当年对波音公司的拆分似乎并没有对企业造成致命的打击，而分拆出来的公司因为具有强壮的基因，又形成了三个“垄断企业”，造福广大消费者。

针对美国在线和时代华纳两个巨头合并案，美国联邦通信委员会明确要求，合并以后的企业，第一，不许欺负其他的上网服务商（ISP）；第二，不许干涉网络链接成功后的登录首页，不许默认成美国在线；第三，不许排斥别的付费系统；第四，美国在线的ICQ必须保证通信协议是开放的，不许屏蔽别的通信软件。正是因为美国的反垄断部门保护了市场充分竞争，所以美国在线和时代华纳最后发现合并也没啥好处，于是在10年之后干脆分手了。

企图利用自身优势地位不劳而获的最终都会被市场抛弃。微软利用视窗操作系统捆绑销售，结果自己的市场份额不断萎缩。美国司法部最早对微软进行反垄断调查是在2000年，因为微软在Windows 95中附带免费浏览器IE，结果使竞争对手网景（NETSCAPE）公司的浏览器占有率从33%降到13.9%。2000年4月3日，微软被判违反《谢尔曼法》，微软被要求必须拆分为两个公司，一家经营Windows个人电脑操作系统，另一家经营IE浏览器、Office等应用软件和网络业务。微软采取一系列办法和美国司法部达成妥协，最终没有分拆公司。实际上，只要是在一个竞争充分的环境中，根本不需要政府搬出来《反垄断法》，它们自己就会被淘汰。比如微软最终虽然没有分拆，但是在随后的运营中却并没有占到任何便宜。

第一，IE浏览器市场在以后逐步被蚕食。1999年IE浏览器的市场占有率为65%，2000年微软利用Windows视窗的优势地位使得IE浏览器的全球市场份额提高到86%，随后市场份额逐年下降，截至2012年3月已降至53%。

第二，在互联网服务上，Google、Amazon甚至Ebay和Yahoo都比微软在行业中占到更大份额。

第三，1999年从微软拆分出去上市的Expedia.com，后来成了全球最大的在线旅游服务网站。

因此，我想告诫民营企业，不要试图利用优势地位不劳而获，这样一定会被市场抛弃。至于360和腾讯QQ的案子，我认为法院的判决应该遵循两个原则：第一是网络中立原则，第二是通信协议开放原则。如果能够维护好这些原则，我觉得我们就会有一个更好的平台，能够促进我们创意产业的发展，促进知识产权的保护，当然这是一个长期的过程，也是创造良好营商环境的必备工作。

延伸阅读

关键世代：走出华人家族企业传承之困

笔者常问企业家们，将来会如何将辛苦开创、经营有成的企业交接下去：会交棒给子女还是非家族经理人，股权会卖给外人么？得到的答案往往模棱两可："难说，在情感上希望子女接棒，但在实际上可能交棒给非家族经理人。"或者"这问题离我太远，因为我还不老"。这些回答令人忧虑，因为从诸多研究中我们已确知，企业传承是非常艰巨的挑战。

然而，传承的成败因素复杂，难以通过系统的分析找出可普遍通行的成功模式。即便企业传承在全世界范围是个重要的老话题，到目前为止，各界对此问题的探讨大多停留在故事性质的个案层面。这些个案虽具启发性，其适用范围却不能确定，并非放诸四海皆准。再有，传承的重要准备工作，如家族治理、接班人培育与股权规划等，往往需时甚久，长达10年甚至20年以上。这些传承决定往往多年后令企业家后悔莫及，就像种树一般，若在今天种下枣树，20年后就不能希望它结出李子。我们迫切需要一个方法去评估未来企业经营权与所有权交接的模式，以便规划配套的准备工作。然而，这方法到目前为止还不存在。

本文希望介绍一个推测中国企业传承模式的方法。这个方法是根据笔者与欧洲工商管理学院（INSEAD）莫顿·班纳德孙教授为研究企业的最佳经营及所有权归属所构建的模型，提出多项可由创业者或企业外部人回答的问题，然后依据这些问题的答案计算积分，构造指标，借此推断企业各种不同传承方式的可能性，如是可继续由家族经营与控股，抑或由非家族经理人经营，甚至考虑将家族股权出让。我们希望，通过集思广益，进一步完善这套方法。

（本文摘选自范博宏的《关键世代：走出华人家族企业传承之困》）

第五章

凄惨的光伏业，还有救吗

2013 年 3 月 18 日，无锡尚德太阳能电力有限公司债权银行联合向无锡市中级人民法院递交无锡尚德破产重整申请，曾经风光无限的龙头企业黯然落幕。如果交了这么贵的学费我们还不从中吸取教训，那就太不应该了。我希望通过这个案例为大家分析，在光伏疯狂扩张的过程中谁受益了，又是谁在为曾经的疯狂埋单，政府在前前后后的过程中扮演了什么角色。

第一节　疯狂的光伏：谁是赢家？

不了解这个行业的读者可能不太清楚光伏到底是什么东西。说白了就是太阳能，比如屋顶上有一大片玻璃，利用太阳光来发热、发电。然而，就是这个行业，在短短的 8 年时间里经历了过山车式的疯狂，究竟是怎么回事呢？

先来回顾一下这个行业的背景。这个行业真正开始起飞是在 2004 年，当时主要是德国及欧洲部分国家的政府开始补贴上网电价。可是从 2004 年一直到 2012 年底近 8 年时间，你猜这个行业的总装机容量是多少？截至 2012 年底是 1.02 亿千瓦，1 年的发电量大概只有 1676 亿千瓦 · 时，仅能满足 1.2 个上海市的用电需求。按道理，这么小的容量还不至于在全世界掀起这么大的波澜，那到底发生了什么呢？

我这个人遇到问题非常喜欢刨根问底，说到这个问题，症结就在于8年下来，当市场只有1.2个上海这么大的时候，国家有必要把光伏行业当成一个国家资助性的行业吗？从事后发展来看，我可以确定，当时我们政府推动这个行业的时候根本没有做研究，只是凭着自己的喜好、感觉就大力推动这个行业。

2010年9月，国务院发布《关于加快培育和发展战略性新兴产业的决定》，新能源尤其是光伏榜上有名。结果是什么呢？全中国31个省、市、自治区都将光伏行业当重点行业来推动，600个城市里面有300个都在发展光伏太阳能产业，另外还有100个城市建立了光伏产业基地。更加疯狂的是，在这些项目中，很多都有当地主要领导在背后支持、背书和推动，银行资金也因此大量盲目流入，形成所谓的“一把手工程”。而政府疯狂推动的结果，就是使这个行业出现严重产能过剩。

可能有的读者也像我一样喜欢刨根问底，便问就算是市场需求只有1.2个上海市的装机容量，你又凭什么就敢肯定我们产能过剩呢？我给大家举个例子。多晶硅是光伏行业最重要的一种元素，截至2011年年底，多晶硅产业90%以上破产，光伏在2012年上半年全部亏损。而且更可怕的是，2012年5月17日，美国决定对中国光伏行业出口到美国的产品最高征收250%的惩罚性关税，最低也有31%。2012年9月6日，欧盟跟着对我们的光伏进行“双反”调查，并在2013年6月6日决定开征11.8%的临时反倾销税。我曾经说过，我们的产能消化主要依赖出口，特别是欧盟的德国和意大利，在全球市场上占了7成，欧盟和美国一制裁，对于我们已经陷入困境的光伏产业无异于雪上加霜。

目前光伏行业在中国已经无可推动，已开始走向死亡。我们的政府从 2010 年推动这个行业，不到两年的时间，光伏行业就迅速走向死亡。请问各级地方政府在推动的时候，有没有做过研究？你晓不晓得这会对国家造成多大的经济损失？并且这个事件发生之后竟然没有人为此负责，令我大惑不解。

可能有的读者朋友会认为，这是一个高科技行业，需要政府扶持，需要各方面的资源大力投入。如果你这么想的话，就大错特错了。在我看来，这个行业跟卖鸡蛋、卖青菜的没有什么差别。表面上看起来，光伏好像有很高的科技含量，但是我要告诉你，只要有钱，买两条生产线，任何人都可以做光伏。

目前，这个行业日趋凋零，但在这轮疯狂发展的过程中，企业家们都发了财。拿英利公司来说，它 1998 年成立，成立的时候根本借不到钱，最后只有把 60%的股份卖给一家国有企业，挂靠该国有企业之后才能从银行借到钱。混到 2004 年，德国政府开始补贴光伏产业之后，这家企业才平步青云，日渐受到大家的关注。

施正荣当初进入这个行业只出了 40 万美金，还有 160 万美金是专利入股，这家公司就是 2000 年成立的尚德电力，2000—2004 年公司历经波折，痛苦不已，于是创办人相继离去。一直到我前面讲的德国在 2004 年开始补贴，才兴起了一股光伏热，而就是这股光伏热，让施正荣们发了。

尚德电力 2005 年 12 月上市之后，在 2007 年和 2008 年两年中，施正荣本人套现 25 亿元，这是比较明显的套现，还有更高明的。2006 年，青海有一家公司亚洲硅业成立，而直到 2011 年，我们才发现这家公司属于施正荣个人。因为在 2011 年 5 月 4 日施正荣由于某些原因不得不披露关联交易，我们才发现亚洲硅业 91.3%的股权被一家叫D&M的科技公司控股，而这个D&M正是施正荣的家族信托公司，也就是证明了，亚洲硅业被施正荣控制了91.3%。那么亚洲硅业这家公司在2006年成立之后干了什么事呢？我们发现从成立第二年开始到2011年的5年时间，尚德总共给它提供了15亿美金的无条件贷款、7000万美金的预付款，还有1000万美金的无息贷款，同时，还帮助亚洲硅业向渣打银行贷款5亿元人民币。这些钱最后都去了哪里？乾坤大挪移都到了大股东施正荣控股的D&M手中。

再来说说高盛。每一次产业大跃进，都能看到高盛们的影子，它们当然不做雷锋，而是赚得盆满钵满。2004年光伏起飞，2005年尚德从高盛、英联、龙科等国际著名投行募集了8000万美元资金，其中高盛大概投入了2490万美金，替尚德包装上市。令人难以置信的是，高盛是在5月份投资，而尚德12月份就在美国的纽交所闪电上市了。这可不是一般的股票交易所，并且当时纽交所的董事总经理还找到尚德说："你们是全世界最好的太阳能企业，当然要到最好的股票市场上市。"

接下来高盛干了什么事？它在2005年5月份投资了2490万美金之后，12月份就套现离场，你知道高盛赚了多少钱？16倍，近4亿美金。其实，高盛这些投行心里很清楚，补贴一旦停止，这个行业将立刻进入崩溃。对于一家投资银行来说，人家存在的目的就是为了赚钱，所以它没有必要在当时就清楚地告诉投资人，补贴一旦停止这个行业就崩溃了。因此，最后高盛也成为一个绝对的赢家。7年之后，光伏行业果然全线崩溃，当时买入光伏企业股票的投资者惨了，股价暴跌，股民成为最大的损失者。

当然，这样的产业大投资自然少不了银行在后面支撑。还以尚德电力为例，给它融资的银行分别是国家开发银行、中国银行和建设银行，其他银行根本没有为尚德融资的机会。据当时江苏地区城商行负责人称："前几年我们想给尚德贷款都不可能，它们资金需求量非常大，但是已经被国开行、建行和中国银行等大型银行包了。"那么这三家银行的债权人又怎么说呢？当时大家是疯狂的乐观："第一，光伏太阳能是当前国家新型能源排名第一的行业；第二，施正荣是做事业有理想的人，不会把资金拿去乱投资，不会炒股票，也不会炒期货；第三，施正荣的企业作为领军企业，国家和当地政府都支持，所以绝不担心贷款人，并且作为国家新型能源行业必然会有国家层面的发展规划。"

那么你知道尚德电力的总市值是多少吗？现在总市值大概 1.6 亿美金不到，可是银行给它贷了 15 亿美金。所以我认为银行的疯狂放贷也是造成整个光伏行业产能过剩的一个重要原因。

最后，我再简单总结一下，为什么叫"疯狂的光伏"。

第一，疯狂的投行注资套现。以高盛为首的投行 2005 年 5 月份投入资金，7 个月之后就套现 16 倍离场，成为稳定的赢家。公司上市之后把股票卖给了股民，所以股民是稳定的输家。

第二，疯狂的银行放贷。国开行、中国银行、建行总共对尚德电力发放贷款达 15 亿美金，由于它们的垄断和贷款数额巨大导致其他银行没有机会参与。

第三，企业家疯狂套现。以尚德电力为例，我们共发现三次大套现：第一次是 2007 年、2008 年在股市套现了 25 亿；第二次是通过亚洲硅业套现 15 亿美金贷款、7000 万美金预付款、1000 万美金无息贷款，还有渣打银行 5 亿元人民币贷款；第三次是通过尚理投资有限公司投资一些项目，像豫金刚石和华录百纳，分别盈利了 5 倍和 16 倍之多。

这其实就是一个疯狂的游戏。

第二节　破产来临，只剩政府苦苦支撑

尚德电力的所在地无锡市，那些曾经支持过施正荣的官员们目前基本全部落马。新任无锡市领导强调对尚德电力的问题要严肃处理，他们提出两个方案，第一个方案是由政府购买该公司2013年3月到期的5.75亿美金的可放股债券，然后由国开行出面提供新的融资。但有一个条件，要施正荣拿出个人资产做无限责任担保。

这怎么可能？企业家好不容易把钱套出来了，怎么会再拿自己的个人资产去做无限责任担保。无锡市政府固然求好心切，却未免太过单纯，最后这个方案被施正荣拒绝。

第二个方案是尚德的上市公司退市，然后通过无锡市一家国企无锡国联将尚德的主体即无锡尚德国有化。我想再提醒无锡市政府，你觉得施正荣会同意吗？尚德就是施正荣套现的一个重要工具，如果公司国有化，可能涉及查账的问题。查账会是什么结果？一定会查出很多不法交易，到最后施正荣锒铛入狱都是有可能的，所以这个方案他也不可能同意。

双方各不退让。施正荣最想要的是保全上市公司，让无锡尚德破产，这个方案无锡市政府肯定不同意，但是最后也没办法，只能让它破产。各位朋友及无锡市领导你们知道施正荣为什么要这么做吗？因为无锡尚德这家上市公司是所有银行债务的主体。

不管怎么讲，我觉得整个光伏产业的发展闹剧经过近10年的时间走到今天虽然是画上了一个非常遗憾、非常不完美的句号，但是希望这个不完美的句号能给我们的政府、银行、企业家、股民、投行一个不小的警告。在这里，我希望我们的政府不要在没有做好充分的研究前就出台任何产业政策，去疯狂地推动某一个行业。行业的推动必须

遵循经济规律，揠苗助长或者杀鸡取卵的干预行为都不能使一个行业健康持续发展，光伏产业就是一个最好的借鉴。

第三节　光伏贸易战，我们无招可出！

整个中国光伏产业如此快速畸形的发展是在欧美国家的预料之中的。可能有的读者朋友会认为我这样说又有阴谋论的嫌疑了。**我先给大家摆一些事实，听起来光伏产业像是高科技，其实90%的光伏企业都是在做来料加工，和生产鞋子、袜子没什么区别。**

我们所有的生产设备、原材料等都是从欧美进口的。生产设备来自欧瑞康、MANZ、GTAT、Centrosolar、BTU；浆料来自福禄、杜邦、Heraeus；EVA 胶膜来自 3M、首诺、普利司通、道康宁；多晶硅来自瓦克、REC；逆变器来自 SMA、瑞福索、Power-one 等等。现在我们产能过剩的其中一个重要原因就是它们出口了过多设备，先把我们第一笔钱赚走，然后我们这边又疯狂地投资，再加上政府的扶持，使得这一产业迅速扩张，导致产能过剩。**这么大的产能过剩产生的结果，首先就是养肥了欧美生产设备和原料出口商。**

按照经济学原理，如果供给远远大于需求，卖产品好像只有一个办法，就是削价竞争，大幅降价，希望能够打败其他的光伏厂商和其他国家的光伏产品，增加市场，薄利多销，甚至亏损销售。但是如果是薄利多销甚至赔本销售，按照今天的术语就叫做倾销。也就是先让我们的企业自相残杀，使价格暴跌，接下来就起诉我们倾销，通过高额关税赚第二笔钱。所以我们的企业被以德国 Solarworld 公司为首的光伏企业起诉，无论是欧洲的“双反”调查还是美国的惩罚性关税都是它在搞鬼。

各位，你不觉得这整个就是一套策略吗？我不想用“阴谋”这两个字，确实是我们推动光伏产业图利了欧美的设备及材料制造商，同时导致自己的产能过剩，不得不降价销售，最终被欧美倒打一耙，说我们倾销，为我们出口设限。不管是阴谋也好阳谋也罢，我的目的是要让大家看清楚问题的本质。

而西方呢，看准了我们没有还手之力。6 月 4 日，欧盟委员会宣布将对我们的光伏产品征收 11.8%的临时反倾销税。接下来非常热闹，6 月 5 日，我们宣布启动对欧盟葡萄酒反倾销和反补贴调查。6 月 7 日，法国《回声报》、路透社、《金融时报》都报道说：中方正考虑向布鲁塞尔方面递交针对从欧盟进口的豪华汽车的正式申诉。从媒体到官员再到普通从业者，似乎大家都觉得中国被欺负了，群情激奋，要和欧洲开打贸易战。

但是，我们没有打贸易战的资本。葡萄酒能让欧洲伤筋动骨吗？葡萄酒能值几个钱？2012 年中国进口欧盟的葡萄酒 25.7 万升，价值 8 亿欧元，而欧盟委员会 2012 年启动从中国进口太阳能电池板的“双反”调查，金额高达 210 亿欧元。

葡萄酒和光伏根本就不是一个数量级的。况且大家看看，到底是我们更需要法国的葡萄酒还是它们更需要我们的市场。以拉菲为例，一年的产量为 20 万到 30 万瓶，分到中国每年有 5 万瓶。这是真拉菲的数量，可是我国每年“拉菲”的销量能达到 200 万瓶，市场上 90%以上的拉菲都是假的，假酒充斥市场而且不愁销量。停止进口法国葡萄酒损失最大的可能是我们的假酒生产商。

再者，用汽车打贸易战我们有这个勇气吗？2012 年我们从欧洲进口了 58.3 万辆汽车，价值 300 多亿美元，绝对可以和光伏对等，针对有传言说中方正考虑向布鲁塞尔方面递交针对从欧盟进口的豪华汽车的正式申诉，我不知道我们要申诉什么，只是觉得很好笑。

第一，所有汽车的销售价格，从豪华到低端，国外售价都比我们国内便宜，难道这能说明它们在倾销？一辆宝马 750 在欧洲卖 80 万人民币，到了中国就卖 200 万；奔驰 ML350 在美国卖 30 多万人民币，在中国要 90 万。平均下来一辆德系高端汽车卖到中国最少能净赚 3 万欧元，是卖到欧洲本土利润的 10 倍。面对这种现状你还要说它们倾销？继续加税有用吗？

第二，我们都知道欧盟里德国是最重要的汽车出口国，但是德国是非常坚定地反对对中国光伏产品征税的，对豪华汽车征税不正是打击盟友吗？况且，即使你一台欧洲车都不进口，我们的豪华车市场仍旧是空白，仅有一个红旗轿车，用的还是奥迪的发动机和平台生产的。

用飞机打贸易战更是异想天开。因为我们自己不会造大飞机发动机。“双反”税宣布后新华网、《中国青年报》、凤凰网都说，中国手里的“王牌”是大飞机订单，如果中国购买空中客车这张大单，因为光伏“双反”一事最后全落到了美国波音公司的手里，“恐怕法国方面谁也担不起这个责任”。很悲哀，这就是我们贸易战的水平！这钱不让空客赚就让波音赚，况且单方面依靠美国我们放心吗？

所以欧盟吃定我们不会怎么样。

第四节　光伏产业危机怎么救，我们该向欧美学习

我想请大家继续思考一个问题，光伏产业要不要救？如果要救，该如何救？坦白讲，204 亿美金的出口额是非常大的，并且牵扯到非常非常多的公司，我们当然不希望整个产业崩溃。但是我希望我们能

更加深入地考虑这个问题，我们有没有必要出面帮助一个产能过剩的行业？我想告诉大家一句话，只有破产的企业，没有破产的行业。经营好的企业总是能够生存的，市场不需要政府拿钱补贴，政府需要做的只是创造一个好的（内部和外部的）营商环境。

有的人可能会质疑我的观点，认为光伏产业并不是只有中国在补贴，欧美的补贴相比我们有过之而无不及。没错，在 Solarworld 公司联合其他企业在美国和欧盟告我们“双反”的时候，我也恨得牙根痒痒。我们把这家公司查了个底朝天，发现从 2003 年到 2011 年 8 年期间，这家公司一直接受政府援助。你猜政府补贴它多少钱？补贴了 1.37 亿欧元！多可笑，自己接受了补贴之后，反过来倒打一耙，反咬我们一口，说我们接受补贴。

确实，在光伏产业内，接受补贴、受到政府扶持是件很正常的事情，因为在解决不了企业利润的情况下，政府的扶持是有助于新兴产业进步的。为什么它们强调自己是政府扶持，却说我们是补贴呢？补贴分两种：一种是针对行业，另一种是针对具体某一企业。对于光伏企业产品的使用者来说，假如购买太阳能设备的价钱是 1000 元，政府给你补贴 500 元，那么这个补贴就不是补贴某一个企业，而是生产这一设备的所有企业都能够得到实惠。所以这种情况以 WTO 的观点来看，就不是反倾销所要打击的那种补贴，而这种补贴在美国、日本、德国都有。但是我们国家现在采取的是另外一种补贴，就是政府做担保，让银行给你提供贷款，或者政府直接给你钱。这种情况在欧美也是非常非常多的。那这种做法究竟有没有违反 WTO 的规定呢？严格来说，有！不过欧美各国是这么替自己开脱的，比如欧美做这种事是在 2008 年金融海啸之后，是因为国家新兴行业遭到了重大挫折，所以政府需要扶持这些行业。

虽然补贴是欧美等国家都在做的事，但是欧美比我们聪明，它们是扶持行业，而对待企业的态度则是该倒闭的倒闭，该破产的破产，不会把企业债务纳入政府预算。欧美也为新能源企业提供担保贷款，但是它们都以法律形式固定下来的，而不像我们这么随意。

2005 年美国前总统小布什签署《能源政策法案》，就是用来支持核能、太阳能和风能等新能源的，通过法律形式保证新能源项目的长期贷款。在这项法案颁布后，联邦政府的资金迅速倾向这些行业。州政府也相继出台一系列项目帮助新能源产业，例如：华盛顿州可再生能源生产鼓励项目、马萨诸塞州“州立太阳能返款项目”、俄亥俄州“风力生产和制造鼓励项目”、新泽西州“可再生能源鼓励项目”等。

欧洲补贴也是以法律形式固定下来的，补贴研发中心和终端使用者。欧洲第七研发计划直接资助了 64 个光伏企业的研发项目，都是德国、西班牙、法国的光伏企业研发中心。具体到终端，比如我之前举的例子，补贴购买太阳能设备的使用者，使生产该设备的所有相关企业都能够得到实惠，所有企业公平竞争。

同时，政府不会为企业破产埋单，最多损失贷给企业的那些钱，而不承担无限责任。2011 年 7 月底太阳能电池制造商 Blue Chip Energy 破产；8 月 15 日和 19 日，太阳能电池板生产商 Evergreen Solar 和 Spectrawatt 分别申请破产。2012 年 4 月 6 日，意大利光伏组件制造商 Solarday SpA 破产清算。德国 Ralos New Energies AG 2 月 29 日申请破产，4 月 2 日 Solar Millennium 启动破产程序，4 月 3 日 Q-Cells 递交破产申请，Solon、Sun Concept、Solarhybrid、Odersun 也都已申请了破产。整个行业不景气的时候，该倒闭的倒闭，政府没有义务为企业埋单。

而中国企业则是绑架地方政府，掠夺地方财政，让作为纳税人

的普通民众埋单。很多光伏企业甚至会成为地方政府的重要财源或名片，比如江西赛维。江西赛维在江西的新余市，新余市人口只有100万，最多的时候有24000人在赛维的多晶硅厂上班，而当地的新余学院甚至开设光伏专业，直接为企业培养学生。不仅如此，赛维所带动的上下游产业链上的100多家企业，产业增加值达120.16亿元，占工业的比重为33.9%，对经济贡献率为49.6%。仅2011年赛维就上缴税收13.6亿元，是新余市财政贡献第一大户。这样的企业太重要了！即使从维稳的角度看新余市也不敢坐视不理。

事实上新余市也帮了赛维很大的忙。2009年11月金融海啸爆发之后，江西赛维陷入了现金流危机，它将持有LDK光伏硅业15%的股权作价15亿元转让给江西信托股份有限公司，并在2010年12月10日又按协议约定的15亿元从江西国际信托回购。读者肯定发现了，这等于是15亿元零利息使用一年啊，这个信托公司不是傻帽儿吗，而且还是在金融危机期间接收的企业股票。我们怎么也想不通，于是开始调查，结果发现，江西国际信托的大股东竟是江西省财政厅。甚至新余市融资平台也是赛维的资金来源之一，2011年3月末，赛维有6笔借款共计5287万元，借款方新余城投是新余市政府直属国有独资企业。

更过分的是，2012年7月新余市将江西赛维一笔5亿元到期信托贷款偿还纳入财政预算。7月12日，新余市人大召开第七次会议，审议通过了三项信托融资所需资金纳入同期年度财政预算的议案，其中的重头戏是“审议通过了新余高新技术产业开发区管委会关于将江西赛维LDK公司向华融国际信托有限责任公司偿还信托贷款的缺口资金纳入同期年度财政预算的议案”。

赛维陷入困境的结果是直接影响新余市的经济。2012年上半年，新余市规模以上工业实现利润 16. 07 亿元，同比下降 52. 7%，工业经济效益指数同比下降 48. 9%。企业实际上已经绑架了地方政府，就连新余市当地领导也非常明确地表示赛维不能倒。因为赛维承担了大量的就业和税收任务，其一年的税收相当于当地两个县级市全年的财政收入。赛维一旦倒了政府会吃不消。

这就是一个非常典型的例子，解释了为什么一家民营企业，一家产能过剩的光伏企业能得到地方政府不遗余力的帮助支持。并且就是因为赛维是民营企业，政府即使想帮助还需要羞答答的，5 亿债务纳入财政预算实属无奈。而最近已经连续陷入困境的钢铁行业呢？钢铁行业很多就是国有企业，政府要帮助像赛维这样的民营企业还得装模作样一番，不好太直接，因为不合规范。但是帮助国有企业就无须遮遮掩掩了。造成了什么后果呢？钢铁行业本来就产能过剩，但是它又负担了当地大量的税收，以及当地大量的就业，政府怎么能让它倒闭呢？别说关门了，就是钢厂减产政府都不同意！于是再次进行财政补贴，导致钢铁行业到现在还是严重的产能过剩。为什么？就是地方政府追求政绩主义的结果，为了保护就业，保护税收，不按经济规律办事，硬要扶持一些本来就应该淘汰的产能过剩的企业。

我替我们的地方政府感到无奈。

第六章

以三一集团为例，走出去的教训与反思

2012年9月28日，美国总统奥巴马签发行政命令，以所谓“威胁美国国家安全”为由阻止三一集团在美国俄勒冈州一军事基地附近兴建4个风电场。消息一出立即引起轩然大波。三一集团在国内制造业领域算得上首屈一指，无论是市场占有率、股市回报率，还是产品质量都是国内企业中做得最好的，算得上是民营制造业里面的标兵了。2012年1月，三一集团更是将德国普茨迈斯特控股有限公司（在业内有“大象”之称）收入囊中。下面我们就来好好研究一下它。

第一节　三一重工最大的敌人是自己

工程机械领域的三一重工一直想要走出国门，这本无可厚非，甚至值得鼓励。但是，打铁先得自身硬。出去竞争凭什么？你知不知道工程机械类的企业最大的竞争对手是谁？不是卡特彼勒，也不是斗山，最大的竞争对手并不是别人，而是自己。

我来举一个具体的例子。1994年小浪底施工工程当中我们从德国利勃海尔购买了6台塔机，在当时由于很多原因造成购买的设备没有使用，最后是以零配件的方式放在仓库里。这一放就放了十年！一直到了2004年，工程施工要用到塔机，领导突然想起来了，能不能把这些塔机零配件再重新组装起来呢？结果他们还真的组装了，而且一路测试下来，发现全部达到2004年的技术指标，目前这6台塔机仍在使用，而且还能继续用20年。这就是工程机械的寿命，三四十年！

还有在葛洲坝工程施工的时候，我们购买了德国大象一台泵车，这台泵车本来设计使用年限是15年，结果用了二十几年都没有坏。它不但用在了葛洲坝工程，甚至三峡工程一期、二期也都在用。

所以说，工程机械企业最大的竞争对手就是自己的产品，为什么？因为这些产品使用寿命太长，一用就是几十年，前面讲过的那个用了20年的都算时间短的了。而这个正是被我们很多专家忽略的一个重点。这也正是大象、CIFA、施维英为什么要把自己卖掉的原因，它们在自己的专业领域都已经做到了极致。斗山、小松、卡特彼勒则是因为太大没人买得起。

按照一般规律，当我们中国经济发展比较成功、比较顺利的时候，假设十年的工程用十台机器就可以了。结果2008年年底，我们政府搞了个四万亿，你知道这四万亿意味着什么吗？等于把十年的工期压缩到两年了，本来十年才能完工的很多基础建设，铁路、公路跟机场，两年就要完成。这种情况对工程机械有什么要求呢？本来十台机器刚好可以用十年，这些机器可以在前两年做A项目，完了之后再投入B项目做两年，然后投入C项目再做两年，再然后投入D项目再做两年，然后投入E项目再做两年。如此下来，十台机器在十年里可以做五个不同的项目或项目阶段。可我们的政府呢？等于是把时间从十年压缩到两年，结果五个阶段只剩下一个阶段了，那么我们需要几台工程机械呀？需要五倍的工程机械！把十年的工程压缩到两年完成的结果就是十台机器不够用了，由于工程量太大了，一个阶段就需要五个阶段的工程机械，五乘以十，我们的需求量变成了五十台机械设备。

因为要进口五十台机械，于是不论大象、CIFA，还是施维英，马上接获大笔订单，立刻生产五十台机械，疯狂地赚上一笔。而问题的真正关键在于，这些基础建设一旦做好以后，我们国家就有五十台机器了，并且每台机器都可以用二三十年，再也不需要购买新的机器。那我请问你，如果你是大象的领导（我们就以大象为例），下一步会怎么做？你完全知道这个世界上没有第二个国家有这个能力再做四万亿的项目，而且也没有第二个国家如此的疯狂会投四万亿。

这也就意味着这次的四万亿将是人类世界上最后一次绝响，也是最后一次巨大的工程建设，以后不会再有了，不要说别的国家不会这么发疯，将来中国也不会有了。为什么？钱都被花光了。像我这种水平的都看得懂的问题，这三家专业的工程机械公司的领导会看不懂吗？那么，看懂之后会怎么做呢？这些企业的目标可不是像我们的企业那样要争当世界五百强，它们的终极目标是让股东获得最大的利益，于是便趁这个高潮赶快把工厂卖给我们那些自以为是、狂妄自大的中国企业。因为我们的企业梦想着未来还有十年、二十年的美好时光，完全忘记了自己手上已经有了五十台机械，根本用不完。

在争当世界五百强的病态心理驱动下，我们中国企业乐观高调地想要做大做强。于是这三家机械工厂，即德国大象、意大利CIFA，以及德国施维英，刚好顺水推舟就把工厂以最高的价格卖给中国的企业即三一集团、中联重科和徐工集团。大家知道它们是以什么价钱卖的吗？我这里有一个数据，而且收购的时候都附加了一个条款——不准裁员。如果按照2011年来看，我们收购的价格是60倍市净率。如果是2010年的话，是240倍市净率。价格真高啊！对德国大象的股东是绝对的利好，因为大象的管理者帮助自己的股东将一个绝无前途的工程机械工厂高价卖给了一个自我感觉非常良好的公司。最后股东得利，员工也不会被裁，大家都可以维持工作，而谁来接这个烫手山芋呢？我们中国的公司。

第二节　三一重工有今天靠的是资本市场，不是一流技术

在我们走出去的企业中，国企占了80%，如中移动、中石油、中海油、中远等等。三一重工是为数不多的优质民营企业，是A股第一个全流通股，也是A股市场上不可多得的明星股，2003年上市首日市值37亿，而现在三一重工的市值已达719亿，相对于A股这十年来的零增长，三一重工的股民回报率显然丰厚得多。这样一家优质的民营企业，在国际化过程中遇到的挫折是非常典型的，非常值得好好分析。接下来我们就来深入探讨三一重工的问题，希望能够给类似于三一重工这种希望走出去的企业一些正面的建议，也希望那些类似于三一重工这种走出去受挫的中国企业，能够在失败中重新站起来，重新走出去。

在深入分析三一重工的问题之前，我先给大家举一个例子。日本丰田在1957年就已经进入了美国，它主要生产省油的小型汽车，然而在当时的美国，大家都喜欢开大车，因为美国汽油非常便宜嘛，根本没有人会重视丰田的小车子。所以丰田的竞争对手比如说通用、福特认为丰田就是小儿科，根本就不把它当一回事。结果，美国这些大型汽车工厂做梦也没有想到，竟然碰到了1973年和1979年两次石油危机，危机之后石油价格暴涨。到这个时候，美国老百姓为了省油才开始购买丰田的小汽车。

这件事情的发生给通用等美国汽车制造商造成了极大的冲击，因为它们不知道怎样造一个省油的发动机。在美国汽车制造商什么都没有的情况下，它们会怎么做呢？这里我要特别请三一重工等类似的中国企业注意，它们通过游说国会对日本汽车进行设限、进行制裁。以1981年为例，日本汽车出口到美国的自我设限协议生效，那么丰田怎么办呢，只有被美国要挟，在1981年和通用汽车合作，把生产省油小汽车的技术无条件地转让给美国工厂，否则根本就不能进入美国。

各位，这才是一个真实的美国，一个强权霸道的国家，这也说明了今天三一集团为什么会受到欺负。进入美国20余年的日本丰田尚且要受到美国的欺负，如今三一集团碰到这种打击也就可以理解了。但是坦白讲，三一集团以及中国其他企业比当时的丰田要艰难得多得多。因此我们任何想进入美国的企业还是要多做研究、多做功课。遇到这种事情，丰田被迫提供了美国需要的省油小汽车的技术。那我再请问三一集团，除了想进入美国、收购美国企业之外，你有什么样的核心技术？你有什么样的核心竞争力呢？关于这些我们必须得做思考。

第一，没有核心技术。液压油缸、发动机、电控系统这些关键的零部件是三一重工自己生产的吗？不是的，都是进口的。那我请问三一重工，这么重要的零配件都是进口的，那你有什么核心竞争力？三一重工和国企又不一样，国企财大气粗，有充裕的资金，赔钱也不心疼，那么三一重工呢？有的读者可能会质疑，它的销售额为什么会这么好？没错，2009年三一重工的销售额大概是156亿，2010年340亿，到了2011年达到508亿，等于说两年时间多增加了两个三一重工。当然，不可否认，销售增长的背后是国家四万亿投资的拉动，大量基建施工，即便如此我还是要给一个比较正面的评价。

第二，三一重工做得好不是因为掌握了什么核心技术，而是因为

它有一套非常好的销售策略，简言之，叫按揭。就像买房子一样，你买一台机器，最低的时候是零首付，一般是付20%的钱，然后剩下的钱由银行帮你做按揭。那这个钱就等于银行帮你先付了，付给三一重工，三一重工就可以拿到现金，然后五年之内你按期支付就是。你可能会问，如果客户不付钱呢？三一重工很聪明，在机器上面安装了一个GPS系统，可以从远程通过GPS系统让这台机器瘫痪，从而变成一台不能工作的废铁。除非客户去交钱，之后才能通过GPS系统让机器恢复生产。也就是说，三一重工可以通过这种方法完全控制着购买人，如果购买者实在没钱，它还可以把机器拖回来，利用自己的销售渠道打折出售，但是这种概率很小，因为大部分都是个人购买者。所以三一重工既不担心银行贷款上升，也不担心客户不按时回款。从这方面来讲，它通过按揭行销的做法取得了巨大的成功，这一点必须承认，也的确是一个很好的创意。但要注意的是，这种销售额的成功并不是由技术进步导致的。

第三，低廉的资金成本。截止到2012年3月，三一重工获得银行的授信额度为1989.4亿，其中已使用752.9亿，利率为6.5%~7.5%。除此以外还有315亿的借款，根据三一重工2011年中期发行的信托计划，收益大概在5%左右。平均下来三一重工1000亿的借款成本为6%，与普通企业借款成本（年息至少在12%以上）相比较，已经省下6%的资金成本，而2011年的利润才93.6亿。你晓得之前省的6%的资金是多少钱吗？当我告诉你答案以后，相信你会非常吃惊！足足节省了60亿。而当年净利润才93.6亿，扣掉60亿省下的钱，结果，你懂得。其实这个钱也不能叫省下，因为别的民营企业必须得付这60亿的资金成本，而三一重工不需要。93.6亿减掉60亿的话还剩下33.6亿，如果用33.6亿除以508亿销售金额，那么回报率只有6.6%。

我想请问，这种算法得出的这么低的回报率的企业有什么竞争优势呢？

从这些数据来看，我觉得三一集团要进入美国，必须要小心，第一没有核心的技术，第二销售狂涨取决于拥有好的银行按揭的资源，同时又刚好碰到我们政府推动的四万亿项目，所以这并不代表它的产品销路好，或者是产品的品质好。第三，资金成本非常低，如果把这个资金成本换算成其他民营企业资金成本，即12%的话，那么回报率只有6.6%。这个回报率可以说是相当低的。

所以我想提醒三一集团以及其他一些自我感觉良好的企业，在加入国际化大军的时候，一定要先问问自己，第一有没有核心技术，第二销售额奇迹的真实原因是什么？是因为自己的营销创意、廉价资金，还是因为政府政策？

三一集团在这种情况下想走国际化路线，进入美国，结果可想而知。所以美国这次欺负三一集团其实我们事先应该想得到，为此三一集团千万不要因为这件事情而感到愤怒，甚至几次发言都有点情绪化，而应该认真反思，好好研究并透彻地了解美国的真实意图。

第三节　三一集团在国际市场上玩儿法太嫩

2012年10月18日，三一集团在美国的子公司Ralls决定起诉奥巴马。2013年3月案件又有了阶段性进展，三一集团在其召开的媒体说明会上表示，该案的核心诉求已被美国法院裁决受理，下一步双方将就“奥巴马做出决定时是否违反程序正义”展开正式交锋。据三一集团称，誓将这一诉讼进行到底，在“讨得说法”之余还要争取获得经济补偿。

这是美国历史上第一次总统被外国的公司控告，相信大家在震惊之余，也会感到非常的解气！这几年我们真是憋屈坏了！我们中国的企业不论是国有的还是民营的，进入美国，不管是收购也好、投资也好，都遭到美国商务部、外资在美国审查机构等多部门的诸多刁难。美国频频对中国出口的产品进行反倾销、反补贴调查，甚至公然封杀中国企业进入美国，不让美国人跟某些中国企业合作，不让买中国企业的产品。如此之多有针对性的打击令我们的出口损失惨重。这时三一集团将美国总统奥巴马告上了法庭，让我们真真出了口恶气。但我还是想请读者朋友先稍微静下心想一想，这么多年来如果全世界其他国家的公司从来没有告过奥巴马，而只有三一集团一个公司告过，你们觉得正常吗？正所谓无知者无畏吧。

为了更好地进行后面的分析，我们先回头看看三一集团的背景。坦白地说，三一集团走到今天确实相当不容易，这家公司目前已经是中国工程类机械生产企业的第一，2012 年 1 月份又收购了德国混凝土巨头大象，在全世界范围进行混凝土机械设备制造，成为混凝土设备制造领域的全球第一。

但是，如何发展这个问题如果不思考清楚，就会产生问题，于是就引发了所谓控告奥巴马的事件。三一集团想进入美国，但是它们自己也清楚地知道，如果用三一集团的名义收购美国的风电厂，很可能会被美国外资审查委员会（CFIUS）否决掉。为什么？美国这个委员会对中国企业在美国的投资一向是非常敌视的。比如 2005 年中海油收购优尼科，2008 年华为和贝恩资本联手收购电脑设备制造商 3Com（与其谈判失败），2009 年中国西色国际收购美国金矿（害怕结果不利），2011 年华为收购美国服务器技术公司 3Leaf 等（被要求终止），都无法通过其以国家安全为理由的审查，或者害怕它启动程序以及发出不利结果，因而选择自动放弃。2012 年，美国众议院情报常设特别委员会更是发布政策建议，直接点名华为和中兴，要求 CFIUS 必须阻止与其有关的任何收购、并购和购买协议，并为 CFIUS 扩权。

那么三一集团是怎么做的呢？我不知道它是听信了哪个律师或者投行的建议，选择了一条“捷径”，到后面你就会发现这是一个非常糟糕的建议。三一集团找了两名公司的高管，在美国注册了一家公司“Ralls Corporation”，2012 年 3 月 由 Ralls 公司出面从希腊电网公司 Terna US 处，收购了美国俄勒冈州 Butter Creek 风场项目，并取得了该项目建设的所有审批和许可。该项目包括四个相对独立的风场，每个风场均成立了独立的项目公司。那么收购这家电厂，三一集团可以捞到什么好处呢？就是 Butter Creek 的项目已经通过了美国政府的各种审核，并网协议、购电协议、环境评估、美国联邦航空管理局（FAA）评估等所有手续都已经完成。按照我们中国人的想法，三一集团绕这个圈子很值得，这样就变得很干净，不会有什么问题了。

但是看看接下来三一集团遭受了什么？5 月份，美国海军西北舰队以三一集团收购 Ralls 项目中一个风场可能影响空军基地训练为由让三一集团搬迁。要知道美国海军根本没权力审批风场建设，况且这个风场已经在 2010 年 9 月取得美国联邦航空管理司颁发的“无潜在威胁”许可。但是最终三一集团还是搬迁了。7 月 11 日，三一集团不得不在华盛顿就 Butter Creek 项目举行专门听证会。7 月 25 日，CFIUS 以涉嫌威胁美国国家安全为由，禁止三一集团风电项目。9 月 12 日，Ralls 公司把 CFIUS 告上法庭。9 月 28 日，美国总统奥巴马签发总统令，以涉嫌威胁美国国家安全为由，中止 Butter Creek 风场的风电项目。10 月 1 日，Ralls 将奥巴马追加为被告。11 月 29 日，三一集团起诉奥巴马案在美国首次开庭。2013 年 2 月 24 日，三一集团大部分诉讼请求被驳回。

按照我们中国人的思维，可能大部分人都会为三一集团喊冤。我们收购了一家各种审核都已经完成得如此干净的公司，为什么还要被美国整得这么惨？到底出现了什么问题？答案很简单，问题就出在了你认为没有问题的地方！

先给大家普及一个经济常识，根据任何国家的法律，如果三一集团的两名高管成立了一家公司Ralls，那么这个Ralls和三一集团就叫做关联公司。因此，表面上看是美国公司Ralls收购了一个希腊的风电厂，但在美国人看起来，这和三一集团自己亲自收购是没有任何差别的。问题就出在了一个我们中国人特别喜欢犯的错误上面，总是喜欢走捷径、投机取巧，完全不想去了解美国的法律讲究什么。在不清楚规则的情况下去参与，这个游戏结果就可想而知了。美国法律讲究程序正义，也就是说一定要走过它规定好的程序，你是不能够偷懒的。如果按照这种做法来做，结果比三一集团自己光明正大地收购还要糟糕很多！为什么？美国人可以光明正大地认为你这是有意逃避，甚至藐视美国法律，即对于外资在美国的投资要进行审核的法律规定。美国一旦将你的行为定性，要么你就是逃避，要么你就是藐视，不论从哪个角度来看这在美国来讲都是非常严重的罪行。

奥巴马最后签署了总统令对此项目进行否决，理由是威胁美国国家安全，因为1000英里外的地方有一个美军基地。美国法律规定总统有这个权力，只要是涉及国家安全，他不需要对三一集团做出解释，就可以无条件否决。这个否决理由有点牵强，因为就在这个风电厂附近就有其他国家的项目。但是从程序正义上讲是没问题的，他有这个权力。

其实奥巴马否决Butter Creek风场项目不是简单的因为这一项目距离美国的某军事基地有1000英里之远，这个不是主因，主因还是所谓的程序正义，即三一集团没有按照美国政府的规定走完这个程序，而是自己要小聪明，找两名高管成立一家公司之后收购希腊的风电厂，正是这一点惹怒了美国政府。

事已至此，那么我希望中国企业，特别是想走向国际化的中国企业思考一下，你能告奥巴马什么？他到底犯了什么罪呢？三一集团在起诉奥巴马的时候提出了一些说法。他说“既损失了金钱，也损失了名誉，这是我们无论如何也接受不了的”，另外三一集团总裁向文波说：“你说我影响国家安全，我不建了行吗？不行。你说我影响国家安全，我拿走行吗？也不行。你说我影响国家安全，我卖给美国人行吗？还不行。而且还不允许三一的人进风电厂，太欺负人了。”没错，我非常认同他的这个说法，美国对于我们中国企业进入美国的投资、收购行动，保持一贯的敌意，一贯的欺负人，使得三一集团 2000 万美金的投资白白打了水漂。但是我们也确实应该通过这个案例，好好反思一下。

除了我之前说的绕过美国法律，违反美国法律程序的正义，还有一个规则也是我们中国企业必须懂得的。美国是一个民主法制的国家，奥巴马做事绝对不可能没有法律依据。那么我先帮助中国想进入美国的企业培训一下法律常识。根据 1988 年埃克森-费罗里奥（Exon-Florio）修正案，即美国国防产品法规第 721 节（Section 721 of the U. S. A，Defense Production Act）规定，美国总统可以阻止他认为有可能影响到国家安全的外交投资项目。换句话说，只要美国总统心里面认为这个项目有可能影响到美国国家安全，只要有可能就足够了，奥巴马根本不需要提供任何实际的证据，就可以否决这个投资。

三一集团副总经理、Ralls 公司首席执行官吴佳梁在没有透彻地研究美国法律的情况下，就质疑“美国政府以国家安全为由，有不受任何司法管制的特权，就可以先砍头再说理由或者是砍了头也不说明任何理由”。这个质疑简直太可笑了！美国 1988 年的修正案就是赋予了美国总统相当大的权力，大到什么程度？他可以凭着自由心证，也就是说总统只要想一想就可以了，根本不需要任何的实际证据，就可以判定这个投资是否威胁美国国家安全。可能你会觉得非常不爽，想质问他究竟影响什么安全？而他完全可以两手一摊，说一句“无可奉告”了事。为什么？既然属于国家安全的话，当然不能明说了，一明说它不就影响了国家安全了吗？因此，第一不需要实际证据，第二根本不需要解释影响到什么安全，只要美国总统愿意，就可以根据 1988 年的修正案直接将某公司拉黑，判定它的投资不合法。但其实在历史上，除了这一次，美国总统依照这条法律签署总统令来否决外资并购仅有一次。

我们老百姓听到三一集团控告奥巴马，可能感觉很解气，但是话说回来，解气归解气，看了我之前的分析后相信大家都清楚，其实控告奥巴马是没有成功机会的，奥巴马这是按照美国的法律作出的决定。我希望通过探讨三一集团的问题，给我们其他走出去和想要走出去的中国企业一个学习的机会。

第四节　中国企业如何走出国门

和日本企业相比，我们的企业似乎并不具备核心竞争力，也没有什么核心的技术，但是进入美国似乎是一个大家都在走的路。不过进入美国之前，从这些案例来看，我觉得我们中国企业所花费的做功课的时间显然不够，有很多功课我们必须加以研究。进入美国以后到底如何做管理，如何能够顺利生产，这其中又包含一大堆的问题，比如能否处理好与工会的关系以及和美国政府一系列的纠结问题，我们的企业一定要事先做好准备、做足功课，才能进行下一步。

首先，我们应该认清美国的真实嘴脸，不要再有很傻很天真的想法。看看美国是如何对日本丰田进行打压、限制，最后得到其核心技术的（相当于日本用自己的技术换美国的市场，但也至少是有技术才获得了市场），这才是一个真实的美国。所以，在进入美国之前，要做好被美国各种欺负的心理准备。

然后，我们应该认真分析三一集团这个案例，吸取教训，了解那些国家的游戏规则。从某种程度上讲，这次事件确实是三一集团犯错了（即明目张胆地规避美国法律），给了美国人一个以维护程序正义为由收拾你的把柄。而且只要美国总统是以影响国家安全为由，就拥有不受任何司法管制的特权，就可以先砍头再说理由或者砍了头也不跟你说明任何理由。企业在国内外的运营环境是截然不同的，在中国，一些企业凭借“关系”就有很大的优势，但是在国外按照法制经营的环境中，这种“关系”就被大打折扣，没有用武之地，所以中国企业在这方面还是应该多加锤炼。

就是再不济，我们也要从三一集团的事件中，让所有想在美国投资的中国企业搭个便车。也就是说，按照三一集团画出的路线图，学会海外维权，充分了解目标国的政治、文化、法律、监管。我们不怕犯错，但我们要记得自己犯的是什么样的错，修正错误之后，摆在前面的一定是康庄大道。

最后，我认为我们中国企业走海外扩张之路，最最重要的一点是从国际市场的角度形成真正的核心竞争力，比如核心的技术、核心的产品。像以前在吉利“迎娶”沃尔沃时我曾经讲过的，中国的管理者可能会把一家中国的企业管理得很好，但是让他管理一家全球性的企业则需要打一个问号，是不是做足了功课？吉利就是在很不了解国外工会的情况下，匆匆领了“结婚证”，结果给自己造成了很大的麻烦。

我的目的并不是想苛责我们的中国企业，而是想通过跟大家一起分析三一集团这个经典案例，给我们的企业如何走出去提供一些建议。要知道，美国标普五百里面，国际业务占公司总销售的平均比重为27%，其中有100家企业的国际收益超过50%，甚至有的可以达到70%。而中国的五百强企业中，全球业务占比均低于10%。因此，我们的国际化程度是远远不够的，走出去的路也势必困难重重。

第七章

电子产业路在何方

2012 年 3 月 27 日，国家统计局发布数据显示，1—2 月份，全国规模以上工业企业实现利润 6060 亿元，同比下降 5.2%。就前两个月的数据来看，在 41 个行业中，利润下降最大的是黑色金属冶炼和钢铁压延加工业，下降了 94%，说白了就是四万亿投资所拉动的钢铁行业。对此我一点儿都不感到意外。利润下降排名第二的是计算机、通信和其他电子设备制造业，下降了 40.8%。电子行业利润下滑的到来比我预计的要快，产能过剩也日趋严重。电子元器件产能过剩主要体现在分销环节，深圳华强北是全国最大的电子元器件分销基地，2011 年店铺销售额比 2010 年下降约 50%，这里的柜台转让费由最高时的 60 万元，现在已经降到了 20 多万元，而且空置率达 8%~10%。

Displaysearch 的报告显示，2011 年中国 LED 芯片产能过剩达 30%，这也是我们今天要讨论的话题。为什么我们政府大力倡导的高新技术产业也开始出现利润下滑和产能过剩，到底政府提倡的经济转型、产业升级有没有道理？你能想到的都是错的。

第一节　产业升级不是招商引资来的

电子行业和服装行业一样，中国都处于最低端。

就电子行业而言，上游集成电路（IC）设计和设备制造是美国、日本，中游高端代工是韩国、中国台湾，我们处在最低端，负责低端元器件和印刷电路板的生产，稍微高端一点的都制造不了。

以印刷电路板为例，我们的产量早就位居全球第一，但是制造设备（例如真空压机、大吨位的液压冲床、数控钻床、激光钻机、检测设备等）全部依靠进口。我们绝大多数的中小企业和民营企业的生产能力、技术水平还停留在低档产品上，而且基本没有研发，企业之间互相竞价。技术含量高一点的，像光电印制板、高密度互连 HDI 板、高频微波板、金属基板和厚铜箔印制板、埋入无源元件的印制板等，我们都做不了。本质上，这和做袜子没什么区别，都是买生产线直接生产。

	产品名称	生产国
上游	半导体制造	美国（51%）、日本（24%）
	集成电路（IC）设计	美国：摩托罗拉、英特尔
中游	晶圆代工	中国台湾：台积电（48.8%）
	高端设备制造	中国台湾（计算机）、韩国（苹果手机电池、屏幕等）
下游	低端印刷电路板（PCB）	中国：产量世界第一，高端 PCB 占有率低于 20%
	电子元器件	中国（90%，而且世界前 10 名中有 9 个是中国企业）
	产品组装	富士康

从利润分配上也能看出，下游所有企业的利润加起来没有台积电一家利润高，而台积电的利润不到英特尔的 1/10。

2011 年，上游的英特尔净利润为 129 亿美元，增长 24%；高通 42.4 亿美元，增长超过 30%。中游我们以台积电为例，台积电为英特尔、高通代工晶圆，2011 年净利润 10.5 亿美元，同比下滑 22.5%。下游元器件生产企业情况则更糟，中国前六大上市电子元器件生产企业 2011 年总利润折合 2.1 亿美元。其中世界最大二极管生产商苏州固锝 2011 年利润 1095 万美元。全球最大的永磁铁氧体生产企业浙江的横店东磁 2011 年净利润 1435 万美元。下游组装企业以富士康为例，它算是做得最好的了，2011 年净利润 7284 万美元。

靠廉价劳动力引进外资做低端产品一定会遇到“产业升级”这样的问题。今天我们遇到的困境，与巴西、阿根廷这些国家 30 年前的经历有着惊人的相似。拉美国家就是依靠拥有大量的廉价劳动力和开放市场等比较优势，大量引进外资，靠出口导向型工业带动本国的经济发展，实现了快速增长。但是，这样的发展是要付出代价的。之后，快速发展过程中积聚的问题集中爆发，对社会来说，造成贫富分化加剧；对企业来说，造成产业升级艰难。下面我主要讲关于产业升级的问题。

“产业升级”是我们政府 2008 年开始大力提倡的，但是这个概念本身就是错的，因为产业很难升级，经济增长靠的也不是这些直接可见的产业的升级，而是靠看不见的人才、科技和资本。我这句话不是乱说的，这个在经济学里有个专门的学科叫发展经济学。说句得罪人的实话，国内不少研究发展经济学的，都有点欺世盗名，因为方法就很有问题。实际上，从美国麻省理工到欧洲日内瓦高等研究院，从联合国贸易和发展会议到世界银行，大家都采用一致的研究方法，就是把视野扩展到全球，以国别的定量数据实证研究为基础，结合案例调查。我们不是做这方面研究的，但是我们系统读了这方面专家的报告。这些报告不停地检验我们能想到的所有可能的因素，比如人口、自然资源、出生率、婴幼儿死亡率等，最后发现仅这三个因素就能解释绝大部分的经济增长：人才/教育、科技、资本形成。

从政府领导到企业家，大部分人并不明白产业升级，因为其实大

部分传统产业是无法升级的。举个例子，我们以前生产袜子、衬衫的设备用了10年，效率变差了，于是再去德国、日本买先进的机器，能代工更多的袜子、衬衫，做的质量更好，利润率提高了三五个百分点。这就是产业升级吗？或者，你这次不买服装制造设备了，而是买了一条印刷电路板（PCB）的生产线，难道生产印刷电路板或者电子元件就转型成为高科技企业了吗？不是的，过个五六年这些设备又老了，你还得再买新的。本质上，生产印刷电路板和生产袜子没有任何区别，这只能叫转型不能叫升级。可是如果你连转型都转不了，那就只能被市场淘汰，把人才留给其他行业。

我们专门查阅了台湾地区的相关资料，目前台湾地区最有名的企业比如宏碁电脑、宏达电、台积电、日月光半导体、联发科等完全都是20世纪80年代以后才有的。之前在台湾比较有名的雨伞、服装、玩具等这类生产企业都搬到大陆来了。各位想想看，指望服装厂、玩具厂、纺织厂，产业升级可能吗？

不仅台湾，香港也是如此。香港之前是做纺织和成衣的，可是你觉得纺织厂非得产业升级吗？没办法升级的，只能转移到内地。香港留下来的只有金融资本、人力资本还有管理经验，这是最宝贵的财富。传统产业就是第一桶金，这些劳动密集型的或者污染密集型的产业本身没有太大价值，但是它们培养了企业家，积累了民间资本，又在开放的环境下培养了一批新人。

韩国也是如此，纺织这个产业最后基本消失了，但是今天韩国的财阀里有相当一部分人都是靠这个起家的，这个行业也培养了一批企业家，同时政府也从中收税来支持教育科研。很多人以为韩国在亚洲金融危机以后就完了，那是因为你的目光集中在看得到的产业，只要它们的人才和科技体系还在，就一定能重新获得竞争优势。

中国台湾、日本的代工和我们的代工真的一样吗？一定会有读者想反驳我，日本、中国台湾、韩国不都是做代工然后成功升级了吗？日本有半导体、光学元件这些先进的制造业。中国台湾的光学元件、晶圆、计算机制造也是世界领先。下面我就告诉大家它们到底在做什么？和我们有什么不同？

首先要纠正一个被我们搞错的重要概念——“代工”。为什么台积电代工晶圆，一家能占全球48.8%的份额？我们通常理解的代工基本都是招商引资，给外国企业土地和税收优惠，让它们来投资建厂，然后把组装生产线搬到中国来。那各位晓得台湾的“代工”是怎样的吗？

台湾的代工是制造业的创新，是消灭产能过剩而不是制造产能过剩。原本得州仪器、摩托罗拉和英特尔都是自己设计芯片，然后在自有的晶圆厂生产。张忠谋创立了台积电后就找到这几家企业说，你们与其在自己的晶圆厂生产，还不如把设计图交给我，我帮你们生产，价格肯定比你们自己生产的要低。打个比方，一条晶圆生产线是10亿美元，产能5亿枚，而得州仪器需要1亿枚晶圆，平均成本10美元一个。类似的，摩托罗拉和英特尔也有7条生产线，投了70亿美元进去。台积电提议，能不能由我发布一个规格，然后你们想办法在这个固定规格下用你们自己的设计才华来实现不同的性能，也就是说不管你们提供什么样的图纸，只要在大的规格上和我这一样，我就都代你制造出来，这样我只要投入一条生产线（10亿美元）。当全行业的产量都集中过来以后，一条生产线年产5亿枚晶圆，一枚晶圆的价格就可以降低到2美元。对于得州仪器来说，价格降低了80%。最后，这么大的规模本身就成了巨大的壁垒，谁都竞争不过台积电，连英特尔自有的制造规模都没有台积电大。所以，现在台积电的利润率最高达到90%以上。也就是说，台湾的“代工”颠覆了本来的产业链，促进了产业分工。

同样颠覆了整条产业链的“代工”还有台湾的笔记本电脑产业。现在发展到什么程度呢？就是代工厂自己设计出来几款不同的机器，然后交给大的电脑厂商比如戴尔、惠普去挑。也就是说，戴尔和惠普只要做营销就可以了，其余所有环节都由台湾的广达电脑代劳。

我们再说说手机代工。台湾地区的HTC也是从代工起家的，可是现在呢，欧洲的诺基亚、西门子都不行了，日本的夏普、索尼、NEC也不行了，美国的摩托罗拉都被迫变卖破产了，可是HTC却越做越大、越做越强。

都是“代工”，再看看我们的“代工”。我们只生产，而且连生产指令都是别人下的。为什么大陆就达不到台湾这种水平呢？通过研究我们发现，虽然大陆各地方政府争相提出土地和税收优惠政策来吸引台湾晶圆代工企业进驻，但这种做法能成就以鸿海为首的代工组装模式，却并不适用于晶圆这种半导体行业。所以大陆的中小企业绝大部分都是类似于鸿海这种买电子元件、印刷电路板组装，附加值很低。由此可见，我们的“代工”和台湾有着本质不同。

我们和日本、中国台湾的不同，在于它们从一开始就注重研发。如果你去翻看一下五六十年前日本索尼、京瓷、尼康这些半导体企业创始人的回忆录，就会发现一开始这些都是美国人看不起的小玩意儿。

索尼从美国买回来一项半导体专利的时候，美国发明者说这东西用来做个助听器还可以，没人能想到这东西能颠覆收音机乃至电视机。中国台湾为什么能在塑料光学里反超日本？当时日本企业看不起手机用的塑料镜头，都认为塑料怎么可能比玻璃镜头成像好呢。结果，台湾的大立光就从这个别人看不起的市场着手，从35万像素开始，一口气做到现在的500万甚至800万像素，可是价格却降低到之前的10%，就连苹果用的摄像头都是台湾产的。

我们的中小企业竞争力弱，政府难辞其咎。日本、中国台湾之所以能在这场竞赛中胜出，是因为它们的教育和科技人才体系优秀，创业环境对民营企业非常有利，土地和税收也不因为你是民企而歧视，更不像我们很多地方经营一家企业就意味着大部分时间都要和有关部门打交道。所以，日本能在半导体行业创造奇迹，中国台湾能在引入日本佳能光学和德国博世光学之后培养出来一个非常大的光学产业群，培养出大立光、今国光、亚光、联一光学这么多人才队伍，而我们的企业却只能是鸿海这种低附加值的组装企业。

第二节　全球电子产业链正在重新调整

日本电子产业五大巨头——日本电气（NEC）、松下电器（Panasonic）、富士通（Fujitsu）、夏普（Sharp）和索尼（Sony）——在过去12年里市值蒸发了2/3，其中日本电气（NEC）的市场份额在过去10年中下跌了90%。

日本消费类电子企业巨额亏损：2011年，夏普（Sharp）预计亏损38亿美元，创自1912年成立以来的百年之最；索尼（Sony）宣布亏损将会达到5200亿日元，约合64亿美元；松下电器（Panasonic）更创下年度亏损102亿美元的日本制造企业亏损纪录，并计划出售东京分公司业务以减少部分损失；日本电气（NEC）预计亏损13亿美元，计划裁员1万人；理光也面临6亿美元的亏损。而2012年2月27日，日本芯片巨头尔必达更是申请破产保护，成为日本制造业史上的最大破产案。

因此，各路媒体都在解读为什么日本消费类电子企业会出现巨亏，总结一下一共三条：地震、日元升值、创新能力不足。媒体水平就这样，我们不必苛责，可是若连专家，甚至索尼中国区总裁也这么解释就有问题了。

一场地震就能把日本制造业震垮吗？怎么可能！坏掉几个工厂不可能摧毁日本制造业，企业竞争的关键是人才和技术，厂房没了重新造就是了。按照媒体的这种逻辑，把硅谷和华尔街的房子拆了美国就没有信息技术和金融帝国了吗？地震最多只能解释当年的亏损，可是日本最大的电子产品制造商索尼已经连续 4 年亏损又如何解释呢？此外，尼康和佳能受影响也很大，日本地震和泰国水灾导致它们的生产停滞，但是它们两家当年都是盈利的，佳能增长 14%，尼康预计翻倍。

日元升值理论就更站不住脚了。一方面是因为日本科技业近年来存在着所谓的“加拉巴哥群岛效应”，简单来说就是局限于日本本身的规格和标准，企业不愿意走向海外，比如手机，所以这也导致了本地市场消化了绝大部分的产量，因此不受日元浮动的影响。另一方面，很多企业已经实现生产本土化，不受日元浮动的影响。个别核心零部件虽然在日本生产，但是传导到终端产品本身影响很小。首先，高技术产品附加值很高，都不是成本敏感型的；其次，它不仅仅影响日本企业，也同时对竞争对手产生影响。

第三种观点说日本企业没有创新，而且这种观点好像还蛮有市场。前面两种观点都容易理解，地震和日元升值都能看得到，但是日本企业真的没有创新吗？你们会这样想是因为你们对日本太不了解，事实上在电子技术的很多领域日本都处于最前沿。

液晶面板技术最先取得突破是在日本，因为日本当时不看好这个投资风险高的产业，这才让韩国抢占了先机。而且松下当时有更加先进的等离子屏幕，但由于采取封闭战略，拒绝向同行转让技术、发布标准，导致等离子行业投资和研发不足，最终才导致市场占有率不高。当时，两者成本相当，但等离子屏幕具有明显优势：第一，等离子屏幕当时在大小上不受限制，而液晶面板技术在当时还不能用来做大屏幕的电视。第二，色彩显示、反应速度上等离子完全胜过液晶，尤其是显示夜景。等离子屏幕市场占有率很低是因为性价比，但是这两项显示技术确实都是在日本取得突破的。

在手机屏幕方面，夏普最先推出裸眼 3D 显示技术。在计算机领域，NEC 有着一流的研发能力，当时和 IBM 竞争超级计算机的头衔，NEC 的技术是日本太空卫星计划成功仰仗的重要环节。

在光学领域，韩国的三星电子和日本根本不在一个级别上，日本几乎垄断了高端照相机和摄像机行业，在没有新的技术革命情况下，三星没有任何机会。

在传统汽车制造方面，日本 1981 年生产的轿车和商用汽车分别占世界总产量的 25.2%和 45.1%，直到现在韩国的汽车发动机都是合资的。

所以说日本没有创新能力这样的结论并不成立。你不能因为日本没有苹果这样的公司就说它没有创新，毕竟世界上只有一个苹果。那么，日本企业的问题到底是出在哪里呢？经过分析我发现，其实是因为它们普遍得了我们的国企病。

第一，领导体制僵化，决策滞后导致错失良机。领导体制僵化是日本公司的最大顽疾。在日本文化中，社长地位至高无上，别人不能提出批评意见，不存在质疑、反省和检讨。人员晋升讲派系、论资排辈。在位的人犯了错误，到下一任才显现出来，最后往往不了了之。这和我们的国企很类似。

正是这种体制导致企业决策低效，领导者害怕承担责任而普遍采取保守策略。1999年东芝、松下、三菱、索尼等日系手机进入中国，由于竞争激烈，日系手机市场份额不如预期，这时候该做的是分析原因，继续攻关。但是，2005年东芝总部率先决定撤出中国，索尼、三菱、NEC随后逐步退出，到2008年1月所有日本手机全部撤离中国。2008年之后智能手机开始普及，2011年我国智能手机销量达1亿部，是日本手机产量的3倍。目前已有三家日企，索尼、夏普、NEC，经不住诱惑又回来了。但是智能手机市场的高速增长期已经过去了，日本已经失去这个市场，这是典型的企业决策失误。

日本的每个集团都是大国企，下面的公司没有自主权。索尼的前任总裁出井伸之曾经讲述过自己执掌索尼十年间的历史，我们可以从中感受到我国官僚企业的作风。美国的索尼音乐公司和索尼电影公司都不属于电子产品行业，总部根本不懂如何管理它们。但出井伸之到美国后的第一件事就是“建立健全日本总部对索尼美国公司的有效管理和监督”，从人事权到财权统一收回。索尼旗下的米高梅媒体公司的绝大部分电影生产业务被取消，一旦投资额超过100亿日元（在当时也就1亿美元），必须经过他本人同意。目前，索尼美国电影业务的利润率在1%以下。

第二，用合并、重组代替淘汰、破产，掩盖问题。日本企业的奇怪之处在于，它们特别喜欢超大型的财团，所有东西都要集权控制。“索尼株式会社”承担着集团总公司的职能，下辖索尼生命保险公司、索尼人寿保险公司、索尼银行、索尼金融控股公司、索尼电影公司、索尼音乐公司，以及全世界各地的索尼分公司等，此外还有4700多家供应商。三菱、三井、松下等同样也都是大财团，业务涉及日本的方方面面。

大集团内部盘根错节、关系复杂，经常让几个亏损的企业重新组合到一起，发挥规模优势。2011 年 8 月，为应对三星的挑战，索尼、东芝、日立在日本政府牵头下合并了中小尺寸面板企业，随后瑞萨、富士通、松下三大半导体厂商也计划合并旗下芯片业务。这其中，瑞萨本身就是由多家日企合并而来的。

“抱团取暖”是日本企业的长项，但是当众多日企都要依靠这个长项谋生存的时候，情况就没那么乐观了，这只不过是日本消费电子企业走向衰落的又一个明证。根本原因就在于日本的大财团已经形成了垄断，让中小企业没有存活空间，结果出现组团式衰落。

第三节 如何发展电子产业

日本已经逐渐退出电子类快速消费品，这也将是我们企业的一次大机遇，这个机会首先会落到台湾，其次是大陆。而就我们企业来讲，还是要先把基本功练扎实为好。

第一，日本本土在电子消费品领域已经没有竞争优势。东芝、索尼等日本电脑品牌被挤出全球前四名，NEC 的 PC 业务则被中国联想集团收购。手机方面，苹果一枝独秀，谷歌、微软、诺基亚、联想等竞争激烈，三星推出了可与苹果抗衡的 GALAXY 系列手机、电脑之后，日本品牌却依旧毫无建树。

松下已经决定放弃家电、手机等低端制造业。松下对位于日本宾库县的等离子面板厂正式实施停产，出售千叶县的液晶显示面板厂。2011 年三洋电机将在日本、印度尼西亚、马来西亚、菲律宾和越南的洗衣机、冰箱和其他家用电器业务出售给海尔集团。松下明确表示，未来主要发展方向将集中在太阳能及锂电池板块，并推出生态城建设，与政府合作开发和试验综合能源解决方案。

三星砸重金研发手机屏幕，把手机像素提升到285ppi以上，令苹果倍感压力。夏普最终研发出超过300ppi的视网膜（Retina）技术，成为iPhone 4S与新iPad的最大卖点。夏普的技术能够缩小晶体管尺寸，耗电量也降至原来的2/3。即便如此，夏普还是决定逐步放弃硬件，因为即使做得再好也不过是给苹果作嫁衣裳。

第二，台湾地区会迎来日本新一轮转移潮。日本消费类电子产品普遍是中高端产品，主要竞争对手是韩国，中国台湾在各方面都能满足日本厂商的要求。一流的技术工人、一流的研发队伍，大陆市场对台湾制造没有排斥，最关键的一点，台湾地区对日本相对友好。日本地震，台湾地区，这个仅有2300万人的小岛，捐款数额竟然超过美国，成为全球第一。

承接好日本这次产业转移，中国台湾制造业竞争力至少会因此提升10年。这次转移的都是高技术行业，面板、半导体、精密器械、光学等。佳能2011年宣布投资110亿新台币在台建单反相机工厂，全球最顶尖的光学玻璃小原光学也跟着来台。这是日本光学玻璃第一次离开本土，目前全球只有日本、德国拥有这项技术。2011年日本在台投资439起，成为60年来投资中国台湾最多的国家，在这439起投资中，在各产业关键地位居世界第一的有10家，另外有3家居日本第一。由于日本企业做决策太过谨慎，负责大型日企投资的顾问公司勤业众信和野村预测，未来两三年日企搬家的高峰才会到来。

第三，只有索尼还在故步自封，明年亏损可能更多。2012年2月2日上任的CEO平井一夫为索尼制定了初步的反攻路线，还是老一套，又大又全，“推动核心的电子业务的增长，包括数码影像、智能手机、平板电脑、游戏业务、移动娱乐设备等，同时加快开拓新的业务领域，扭转电视业务等”。这种大而全的战略注定不能实现。

在电视领域，苹果 TV、谷歌 TV 已经箭在弦上，业界普遍认为这将对行业带来颠覆性的变革，比 iPhone 对手机界的影响要更为深远。但索尼的着力点却仍旧放在显示技术上，新任索尼总裁平井一夫仍然坚持认为“索尼能够利用私有的 Crystal LED 和 OLED 技术开发更具吸引力的电视机产品”。在互联网时代，应用才是王道，索尼目前的情况不就是在技术领先的情况下实现亏损的吗？在智能手机和平板电脑领域，目前无人能挑战苹果的地位，包括索尼。在游戏领域，任天堂是当之无愧的老大，索尼也没有竞争优势。

日本应该学习德国，引领尖端技术，做高端制造业。像美国那样的创新型社会全世界都不可复制，日本企业也出不来乔布斯这样的创新天才，但是日本企业能出来顶级的制造业人才。在商用产品领域、耐用消费品领域，以及精密仪器、医疗器械、精密零部件、工程机械等行业，日本的竞争优势远超韩国、中国台湾。日本电工、村田制作所、京瓷等企业的业绩均好于各大消费电子巨头。

此外，日本以大财团为主，这些大企业背后存在着千丝万缕的联系，金融资本和产业资本高度结合，各个企业恶意挖墙脚较少，而且经常相互支援，技术在日企之间分享，但是决不外泄。所以，这也就造成了日本企业的群体性崛起，但是又不像中国企业之间那样存在着恶性价格竞争。但是正如我前面所说的，这种企业之间的组团方式，既可以让日本熬过全球市场的短期调整，但也让其在长期的调整中集体衰弱。要让日本改变自己的企业习惯是不可能的，这是日本的国民性决定的，但这并不影响它成为高端制造业强国，尽管它和真正的制造业强国德国相比还有不小的差距。

以汽车为例，德国车之所以能够以优良的品质雄居高端位置，源于零部件的稳定，这是因为德国有一批强大的中小型企业，这些零部件企业在全球制造业细分市场中很多都是冠军，它们使德国汽车的产品质量得到保障。不光是汽车，德国在建筑机械、机床、汽车和电气工程、液压组件、轴承、医疗器械、工程机械等领域也都占据重要地位。

走德国这样的高端制造业路线才是日本的突围之道。强大如日本这样的制造业升级都如此困难，我不知道我们如何能做得比日本更好。难道我们有比日本更强的技术、人才，抑或是资本？

真正的竞争力不是别的，而是宝贵的人力资本和具有创新精神的企业。如果我们愿意给老百姓花钱，给老百姓投资教育、投资医疗、投资保障房，就会给千千万万的老百姓一个平等的起点，给千千万万的小企业一个公平的营商环境，只有这样才能避开拉美的困局和动荡，实现像台湾地区这样的产业升级。为了实现这个目标，我们必须拿出壮士断腕的勇气，限制政府的权力，限制税收的盘剥，果断进行一场政府服务的“产业升级”，以服务型政府对抗即将到来的中等收入陷阱。我们的企业目前遇到问题的原因在企业之外，政府不改革，产业升级不过是幻想。

延伸阅读

软性制造

《软性制造》最先成书于日本，得到了市场的良好反响。随后在中国台湾翻译出版，并增加了IBM台湾在相关领域辅导客户成功进行业务转型的经典案例，该书在台湾连续再版，好评如潮。

过去制造业都只专注于产品设计、制造、质量等有形的管理，但对于资源管理、服务导向、人力培养和流程创新等软性要素少了些注意。而目前这些因素在当今以知识竞争为主的时代更加重要。《软性制造》融合了IBM全球业务咨询部（GBS）及研究机构所总结的，即IBM自身十多年来从一个产品导向的国际公司顺利转型成为一个服务导向的全球整合企业的经验，综合了对全球各地企业咨询实践的积累和结晶，同时也包含了对企业未来发展模式的研究。书中提供了很多具体的方法与案例，让我们知道如何成为一个以服务为导向的组织、如何创造市场需要的产品、为什么资源要共享等等很多好的思路和方案，是企业转型的极佳借鉴。

处在一个全球经济大风暴的时代让我们更清楚地认识到，只有专注于本行业，同时在商业道德的基础上不断改革创新的企业最后才能胜出。中国企业，特别是制造业在如今全球化且完全开放竞争的环境下，也只有通过持续创新才能在全球的产业链条中占据更重要的位置。在从事咨询的这么多年中，我经常和国内很多企业界、商界的朋友们探讨，企业应该如何做到系统化、持续化的创新，从而构建可持续经营的企业。更进一步地，我也反复思考一个问题：我们中国企业如何才能在世界上崛起，并且受到全世界消费者的认同与尊敬。《软性制造》不但在概念上高屋建瓴、自成体系，而且深入浅出，从可操作性的角度来讲，亦不失为一本好的案头手册，可以随时翻阅。我也相信，真正认真阅读《软性制造》的朋友，将从中获益良多。

（本文摘选自IBM全球企业咨询服务部的《软性制造》）

第八章

汽车产业的出路在哪里

我们的汽车行业是除中国足球外最让老百姓头疼的产业了，这么大个国家竟然造不出一辆好汽车。1984年我们开始“以市场换技术”，现在30年过去了，市场已经彻底丢失，技术也完全没有学过来，甚至自己原有的产品也在合资中消失了。在整个中国市场上，唯一苦苦支撑的就剩下奇瑞、吉利、长城这些自主品牌还能给我们长长脸，一汽、上汽这些最有希望取得一些突破的国企全都沦为了外资车企的代工商或渠道商。它们搞出来一些所谓的自主品牌基本上都是淘汰的车型换个标。与此同时，奇瑞、长城、吉利这些真正自主创新的企业又遇到了严峻的挑战，主要是外国车企开始主动进入低端市场，抢占它们的生存空间。自2010年以来，我国自主品牌汽车的市场份额节节下滑，从原来的最高点45.6%下跌到2013年7月份的40.4%，而且下跌趋势还在继续。究竟我们的汽车行业有没有明天，这些辛辛苦苦拼杀出来的自主品牌能不能走下去？

第一节　黄金十年已经过去

汽车产业的黄金十年已经过去，车企之间的竞争越来越激烈。大家可能难以想象，2002年只要你能生产出来汽车，无论好坏，肯定不愁卖。那时候的中国汽车行业绝对是暴利，一辆夏利16万元，一辆捷达20万元。当年汽车行业销售收入为1515亿元，实现净利润431亿元，整个行业的净利润率达到28.45%，而同时期国际上汽车行业的平均利润率只有5%而已。现在呢，夏利只卖4万多元，捷达8万元。大家要知道，汽车行业更新换代没那么快，今天的汽车和10年前相比并没有本质上的进步，只不过多了一些电子功能，成本没有太大变化，由此可以想象汽车行业当初的利润有多高。

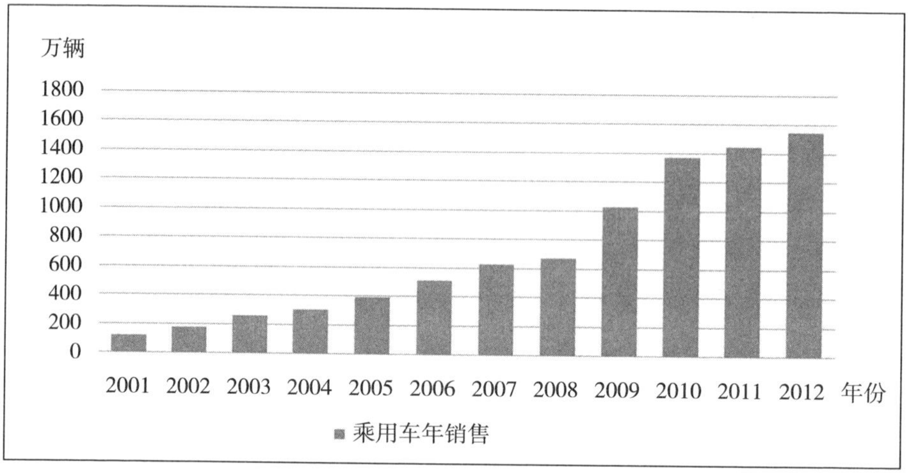

因为利润率非常高，不断有竞争者加入，所以十年来汽车价格逐渐下降，利润率也开始有所下滑。尤其是2012年以来更趋明显，很多销售商都开始打折销售，加价提车的历史一去不复返。但是我们研究后认为，目前价格还没有跌到位。2012年国内100多家汽车相关类上市公司，70%出现利润下滑，但是利润率还是远远高于世界车企平均水平。东风汽车乘用车毛利率由上年同期的21.9%下降到20.3%。江铃汽车毛利率为23.8%，一汽轿车毛利率为16.19%，长安汽车毛利率为15.81%，海马汽车毛利率为11.77%。相比5%的世界平均水平，我们车企的日子还没到最难熬的时候，价格竞争还要继续。但是，这种价格竞争中最受伤的可能就是我们的民营自主品牌，比如奇瑞、吉利、长城等，因为它们的利润率没办法和那些国企竞争，更别提外资企业了。奇瑞 QQ 入门车最低报价 23000 元。因为没有车企能够挑战奇瑞设定的底线，所以 2009 年奇瑞卖了 50 万辆 QQ，利润 6600 万元，每辆车仅挣 132 元，再之后几年则都是亏损的。

与之类似，通用汽车推出一款雪佛兰新赛欧，售价在 5 万元左右，这已经是合资车里价格最低、性价比最高的了，毛利率至少是 30%。**合资车一旦降价竞争，我们车企的日子就非常不好过。**2011 年以来尤其明显，合资品牌确实开始下沉到低端市场，降价促销。结果就是我们的自主品牌的占有量迅速下滑，截至 2013 年 5 月，自主品牌汽车市场份额只有 41.8%，到 7 月份只有 40.7%，而且还在继续下降。

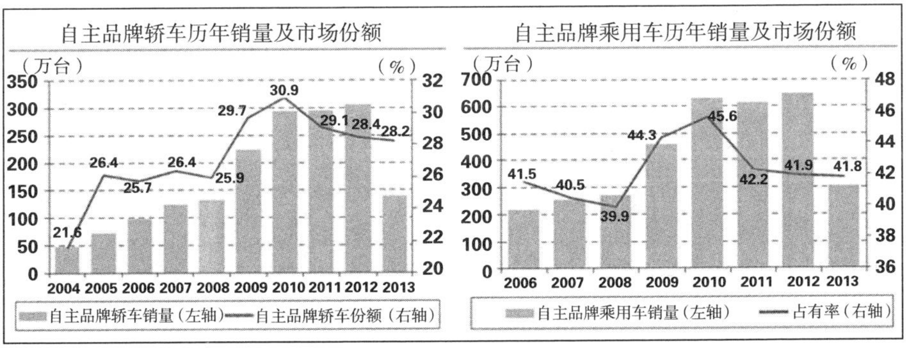

我们曾经寄予厚望的一汽、二汽、上汽等超级国企至今也没弄出来一辆能叫得响的自主品牌汽车。对于这些大国企，我已经由原来的愤怒变成今天的无语，无论怎么骂它们，都是一副死猪不怕开水烫的表情。本来它们有最好的条件，要钱有钱、要政策有政策、要市场有市场，可是就是这帮最有可能改变中国汽车业的人选择了放弃研发。

刚开始还能拿什么“以市场换技术”这样的笑话骗骗领导，现在连说都懒得说了，直接给别人当代工商或销售商。当初这些外资汽车品牌进入中国时，我们这些国企老总们对政府游说，外资品牌必须找一家国内汽车厂合作，一人一半股份才能进入中国，还美其名曰“以市场换技术”。它们自己不搞研发，不管生产，只是帮忙找找工人、卖车、修车，然后分利润。结果现在中国汽车的市场格局是，国际资本以40%的资本占据50%的份额，拿了70%的利润，甚至可能更高。合资品牌一般都是50∶50的比例，按道理我们能够分得国内市场一半的利润，但事实上不是这样，国内的合资车很多核心零部件都需要进口或者从其他厂购买，而这些核心零部件生产商基本都是外资控制的，所以即使是合资品牌我们也分不到50%的利润。这不是它们巧取豪夺，而是我们的这些国企太不争气，能坐收30%的利润就已经高兴坏了。

迫于舆论的压力和领导的面子，我们的国企怎么说也得搞点儿自主品牌出来，否则实在说不过去。于是就出现了各种换标车，还是用合资厂的旧平台生产。广本理念S1来自于停产的老款思迪，东风日产启辰两款车型D50和P50来自于老款颐达和骐达，东风本田思铭来自于停产的老款思域，奥迪换个标就变成了红旗。于是你会见到一种中国特有的现象：在东风本田“思铭”的4S店里可以直接为客户提供换标服务，客户想要把思铭的车标换成本田的只要加手工费就行了；在郑州日产的4S店里买帅客MPV直接送日产的车标给你，可以回家自己换。

第二节　真正的创新在奇瑞、吉利这些民营企业身上

我们把中国车市分为三种。高端豪华车市场自然是被进口车，比

如宝马、奔驰、保时捷、路虎等牢牢垄断。中端车里面稍微好一些的是国产的德系车，比如奔驰、宝马、大众，次一点的就是丰田、现代、通用。而我们的自主品牌几乎都在 10 万元或以下，像奇瑞、比亚迪、吉利、江淮、长城等。我无意帮哪一家车企做广告，而且我也公开批评过一些企业海外收购的行为，但是对于民营企业家，尤其是对于他们所创立的这些自主品牌，我还是非常欣慰的，因为它们代表着中国未来汽车产业的发展水平。国企则已经靠不住了，已经退化成为外资的代工商或销售商。

很多人有疑问：奇瑞、长城这样的自主品牌能算是国产车吗？奇瑞的发动机是和奥地利一起合作才造出来的，还是从德国和意大利引进的生产线；长城的发动机采用的是三菱的技术，这样能算是国产吗？我想说，这种形式的合作才是真正的“合资”，真正的国产。我把你的生产线买来，前期雇用你几个工人，把技术掌握后就能让自己的工人独立运作，然后开始研发和改进生产线。难道我们不应该这样学习吗？非要把奇瑞关到一间黑屋子里自己琢磨出来一款发动机，这才算国产吗？不可能的，谁都做不到。日本、韩国当初也都是在引进生产线、引进工人的基础上开发的。反倒是我们的国企把生产完全交给外资，自己只管收钱，这种“国产”才是万万要不得的。

2000 年二汽撤销研发中心换来了奇瑞的今天，奇瑞当初借锅下米也充分证明了不是中国人不行。二汽当时决定走合资之路，没给自己留任何退路，直接撤销研发中心，放弃研发。从而导致这些研发人才没地方去，因为当时在全中国竟然找不到一个愿意自主研发汽车的国企。奇瑞得知后力邀他们加盟，因为奇瑞知道这些人都是国内顶尖的一流专业人才，又在国外车企培训很多年，只怪国企体制太不争气。奇瑞专门成立了一个机构，把这个研发团队统一搬迁过来。作为激励，这20多位工程师还直接获得这个机构1/3的股权。只用了8个月，他们就设计出来东方之子和QQ，这两款车让奇瑞在全国迅速打开了市场，QQ汽车更是无人不知无人不晓。这些研发人才如果继续留在二汽，我想也设计不出来QQ。同样，如果让奇瑞自己培养这些人才，至少得花10年时间。

奇瑞这些研发人才确实做了很多事情。2002年，奇瑞与奥地利AVL发动机公司“联合设计”了18款发动机，全部达到了欧洲Ⅳ号排放标准。奇瑞在合同中明确规定，自己要派工程师参与设计、试验、装配的全过程。3年后，2005年4月，奇瑞展示了自主研发的发动机，引起了轰动，业内人士说奇瑞发动机缩短了我国发动机技术与世界先进水平20年的差距，虽称不上顶级，但已经算是先进了。自2006年3月开始，奇瑞向美国出口了1万多台具有自主知识产权的发动机，实现了中国汽车企业向发达国家大批量出口发动机“零”的突破。

吉利收购沃尔沃以后也推出了安全性最高的车，全球鹰GX7获得欧洲新车安全评鉴协会的超五星安全评级，这是继本田CR-V之后唯一一款超五星SUV。

奇瑞QQ成为中国最入门的轿车，起步价23000多块，车企里再也找不到第二个比它便宜的。长城专注于SUV市场，是这个领域最便宜的车，2012年销量仅次于大众途观。大众途观售价20万到30万元，而且不过是增强版的轿车，长城的SUV售价普遍在10万元左右，但采用的是三菱的发动机，是纯正的越野车。比亚迪为大家所熟知的是它的F3，作为三厢车，售价仅54000元，同级别的国产车都在10万元以上。因为合资车、进口车都不屑于做这个低端市场，所以它们都成功了，这和当初丰田崛起的模式一模一样，是值得鼓励的事情。

但是随着市场竞争越来越激烈，中端品牌开始主动放下身段做低端市场，这个时候我们的自主品牌将异常痛苦。现在通用已经这么做了，雪佛兰在美国是中端车，进入中国反倒以低姿态和日韩车竞争，价格10万元左右，随后又推出新赛欧系列车，售价5万到8万元，价格只比QQ、吉利高一点。

我担心的不是自主品牌们的技术，也不是通用下沉做低端，只要我们的工程师们踏踏实实搞研发，我们又不笨，肯定不会太差。退一步说，我们模仿能力这么强，把别人的先进技术抄一抄、改一改，还是能让我们这些车企活下去的。我最最担心的是我们这些民营企业家赚了点儿钱之后就开始飘飘然，开始走中高端路线，和那些合资品牌正面冲突。很不幸，我担心的事情已经发生了，这也是为什么我们自主品牌的市场份额开始下滑的真正原因。

第三节　自主品牌走上歧路

我们有很多自主品牌从追求市场份额转而追求技术实力，开始从低端走向中端。如果它们在这条路上继续走下去，那我们汽车产业的明天将非常可怕，它们也很可能牺牲在路上。奇瑞正在从“规模奇瑞”向“技术奇瑞”转型，长城也宣布要逐步提升品牌、品质，不再单纯追求市场销量。发展技术本无可厚非，但是不能以牺牲销量为前提，更不能不知天高地厚，随意做中高端产品。说到底，我们的自主品牌还是太嫩了！要知道，丰田是在成为全世界第三大汽车生产商的时候才敢推出中高端车，而且价格还只是同级别中高端车的一半。奇瑞现在就想做中端汽车是不现实的，结果搞得自己从自主品牌销量第一名滑落到第十名左右。

现阶段花大价钱做技术是没有意义的，因为我们车企的工程师成本、原料成本和丰田、宝马差别不大。奇瑞、现代、通用、宝马同样投了一笔钱，同样技术水准开发的车，奇瑞的车能卖5万，现代能卖15万，通用能卖20万，而宝马却能卖40万。所以，你承受不起失败。好钢要用到刀刃上，能抄就抄，这不是什么丢人的事情，日本车起步阶段也是靠抄袭成熟车型，在细节上修改一下避免侵权就行了。比亚迪的F3就是抄袭丰田，在侧面做了一点修改。比亚迪公司里面甚至有一个部门专门负责抄袭车形，然后做修改，以保证既能做到和别人很像，又不侵权。这都是起步阶段避免不了的。我实在是搞不懂为什么我们有的汽车企业现在就着急提升技术，提升品牌。先踏踏实实学习几年有什么不好？

而且提高汽车销量依靠的绝对不仅仅是技术，你看看丰田是如何在美国打开市场的。丰田的市场调研员以学习英语为名“潜伏”到美国家庭待上3个月，全方位地观察美国用户的生活习惯和细节。这帮助丰田设计出合适的车长和车内高度、座椅材质。他们发现美国人喜欢喝瓶装可乐，就专门在车里搭载了小冰箱。通过这种调研方式，丰田能提前预测掌握美国用户在汽车方面需求的改变：低价、节能、小巧。最终丰田在美国站稳了脚跟。这是一个很复杂的系统工程，并非你做一个好的发动机就能和别人叫板。

汽车行业的游戏规则无人撼动，想要提升自己所在的档次不是一朝一夕的功夫，目前在全世界范围内还没有看到后来者能够挑战前辈的个例。丰田用了几十年才有所提升，靠性价比取胜，但也不过是豪华车里的低端产品，更进不了奢侈品行列。

丰田卧薪尝胆30余年才敢推出准高端车。1957年丰田第一次进入美国市场，推出第一款车“皇冠”，结果大败而归，因为丰田推出的“皇冠”售价2300美元，比大众的“甲壳虫”还贵700美元，根本没人买。于是丰田在 1963 年又推出“皇冠”皮卡，售价不到 2000 美元，是所有皮卡里面最便宜的，结果大卖。1965 年丰田推出“花冠”，价格不到 1800 美元，而且每台车让利给经销商 180 美元。结果“花冠”成为丰田历史上最成功的车型。所以，丰田是靠低端车赢得了美国市场。

在进入美国 32 年后，也就是 1989 年，丰田才开始进入准高端市场。要知道 1971 年丰田就已经是世界第三大汽车制造商了，但是依然和高端车无缘。即使在高端车市场，“雷克萨斯”也是靠低价取胜。1989 年丰田推出豪华车雷克萨斯，两款车型定价分别是 35000 美元和 21050 美元，同样定位的奔驰和宝马的价格是 8 万美元。质量上雷克萨斯可以说不比奔驰、宝马差，为了检验雷克萨斯在高速运行时的震动情况，检测人员用水充满了挡风玻璃，然后抬高后轮加速到 172 公里/小时，结果挡风玻璃中的水纹丝不动，驾驶时非常安静；雷克萨斯进入美国对发动机和变速器更是提供了 7. 2 万公里的保修，其他的车企也就保修 4 万公里。质量和服务如此好，如果换成了奇瑞肯定敢和宝马定价一样去卖。但是丰田不敢，它只卖同级别豪华车价格的 40%，正是因为低价，雷克萨斯才最终在美国豪华车市场站稳了脚跟。在美国面市的第一年，雷克萨斯的销量为 16000 辆，第二年即达到 75000 辆，与宝马的销量持平。但是，至今日本车都打不开欧洲豪华车市场，美国人务实，可是欧洲人的自负让他不吃你那一套，他们只相信自己的豪华车。所以我们的企业现在压根儿就不要想什么豪华车、高端车市场了，还是先踏踏实实把汽车质量做好吧。

就在刚刚过去的 7 月，中国品牌乘用车销售 43. 55 万辆，占乘用车销售总量的 35. 2%，为 2008 年全球金融危机以来的月度最低水平，这值得每一个自主品牌企业三思。

延伸阅读

零浪费丰田生产方式

“产品质量是在工序中打造的”这一观点被众多企业所提倡，可是，实际上很多企业在检查时都疏忽了这一点。因此无论多么努力地去检查，都不会产生附加价值，只不过产生了更大的浪费。

在丰田，因为坚持贯彻“不生产不合格产品”而非“发现不合格产品”，所以一旦发生问题，机器马上就感知到异常状况而停止生产线，或者作业人员马上停止生产线。停止生产线，期望“能够通过彻底实施对应不合格产品的对策，使不合格产品无限接近零”。为此，需要引进现场主义解决问题的方法，建立起追踪问题的工厂体制。当产生问题（不合格产品）时，在发生问题的现场，在正在发生的时刻找出问题产生的真正原因，并且加以改善以免问题再次发生。就像制造事端的犯人，如果是现行犯就很容易被逮住。产生了不合格产品时，产生不合格产品的现场和时刻是解决问题的好时机，是需要改善的地方。

现场主义解决问题的关键就在于如何抓住现场，迅速采取行动。有时候虽然专家赶来了但是“犯人”已经跑了（不合格产品的产生原因不见了），这样再去查找原因是很困难的。如果经常与不合格产品接触的作业人员能够养成用5W来思考的习惯，就能够把问题逐个解决，不合格产品就会无限接近零。

（本文摘选自佃律志的《零浪费丰田生产方式》）

第九章

电信能否挺过 4G 时代

2012年10月8日，美国众议院常设特别情报委员会历时11个月，详细调查了华为，最后出具了50页没有任何真凭实据的报告。才50页而已，按照我的预计应该是500页，因为那样才能说明美国至少是做了一些基础的研究、基础的调研后才最终得出的结论。这50页中有23页是针对华为的，有9页是针对中兴通讯的。那么这个研究报告得出了什么结论呢？报告提出，“中国的华为和中兴通讯可能被用来针对美国民众进行间谍活动，威胁美国国家通信安全，建议由美国外国投资委员会阻止美国企业未来与华为或者是中兴建立任何的商业关系，并呼吁对于中国政府向国内电信设备制造商提供的支持发起调查”。

第一节　什么惊人内幕让美国政府“吹黑哨”

各位，我们能够很容易地发现美国的报告完全没有底气，其中指控的句式基本都是“可疑……”、“动机……”、“可能……”、“未能解释清楚……”、“未能提供足够文件……”。调查了这么久，却完全没有提供任何实实在在的具体证据来佐证他们的观点。简单地说，这就是一个在基本没有任何真凭实据的情况下，以“莫须有”的罪名，发起的对于中兴以及华为的打击。

那么，美国政府为什么要封杀这两家中国企业呢？有的读者朋友可能会认为这有什么了不起的，不就是两家中国公司不能在美国赚钱吗，郎教授是不是有点小题大做了。如果你这么认为的话那就大错特错了。在各位提出异议之前，我想告诉各位一个比较宏观的观点。华为和中兴通讯所代表的并不是两家公司这么简单，它们代表的是一条电信产业链。

第一，电信产业有多巨大？大家不要简单地以为电信产业就是手机、电话，电信产业也不是中国移动、中国联通、中国电信三大电信运营商这么简单。电信产业是整个信息工业产业链的核心，也就是说，整个信息工业产业的核心就是电信产业。以华为为例，它的供应商包括世界最顶尖的服务器制造企业、软件企业，比如 IBM，它的光通信产品就养活了从光纤到元器件一大批企业。而且在中国，音乐产业的最大版权收入来源其实是中国移动这样的电信运营商。

整个信息工业产业链孕育了几乎所有中国的高科技行业，也就是说，在中国，目前你所能够想到的绝大多数高科技行业都只是信息通信行业里面的一个点而已，信息技术产业的所有企业，最终集合在一起构成了通信系统，并不是华为或者中国移动一家企业，而是几乎我们整个国家的高科技企业全要靠这个产业带动。注意，我再强调一遍，是几乎所有的高科技企业都要靠该产业带动。因此美国只要能够打压华为跟中兴通讯，封杀这两家公司，那么它所打击的就不仅仅是两家公司，而是会影响整个中国的信息工业，一旦被波及之后，我们所有的高科技企业都将受到沉重的打击。

我举一个具体的例子。光通信是华为的强项，仅凭光通信这一项创造的业务机会，就让我们中国台湾大大受益。所以台湾人常常这样讲，他们这些做元器件的厂商看到华为的感觉就像见到了祖宗一样，非常非常的恭敬。为什么？因为是华为养活了台湾光通信的所有元器件厂家。这是一个非常可怕的行业，同时也是真正的非常非常重要的一个行业，所以说这个行业的影响之大并不是简单的只波及中国大陆的整个高科技行业，对台湾地区乃至我们周边的国家也都会产生重大的影响。

作为一家由员工持股的世界五百强企业，华为创立25年来没有任何不良记录，其产品已在全球140多个市场被超过500家运营商使用，服务了全球约30亿人口。公司已经构建了规范的、流程化的运作管理体系，包括产品开发、供应链管理、财务管理、人力资源管理、质量管理等，每年的财务报告亦由KPMG进行审计。我不是在给华为做广告，我也没有审计过它的财务报告，但至少从表面上看它是完全合规的一家中国企业，美国没道理对其进行赤裸裸的欺负。

所以坦白讲，这一次美国国会的决定，给我们国家造成了巨大的损失，对于这一点我们既要了然于胸，也要有更深刻的认识。这是各位读者要清楚的第一点，也就是说电信行业有多巨大，它的巨大程度是你难以想象的。

第二，为什么会产生这样的问题？美国政府为什么会介入企业之间的战争？问题的根本原因就在于，全世界的电信企业都是有国籍的。比如说欧洲的沃达丰，美国的思科，欧美合资的阿尔卡特朗讯，以及中国的华为等，这些企业都是有国籍的，它们代表的是什么？是国家利益。

第三，全世界的电信运营商，除了中国的三个不太争气的国企主要待在国内以外，其他基本上都是跨国的。虽然是跨国的，却还是代表国家利益。比如欧洲的沃达丰，德国电信，美国的四大电信运营商Verizon、AT&T、T-Mobile跟Sprint。这里面，Verizon是美国华尔街基金公司和沃达丰的合资企业；T-Mobile 是华尔街基金公司跟德国电信的合资企业；AT&T 是美国贝尔电话和日本 NTT 的合资企业；现在日本的软银希望能和美国华尔街基金公司达成交易，控股 Sprint。

第四，我们要把 2000 年作为第一个分水岭，在此之前是 2G 时代，这之后全世界进入了 3G 时代。当然，中国不一样，中国直到 2008 年才进入 3G 时代。在全世界范围内，2008 年是第二个分水岭，从此全世界进入了 4G 时代。但是，我要给大家普及一个重要常识，到现在 2G 也没退出历史舞台，2000 年开始是 2G 和 3G 并存，2008 年开始是 2G、3G 和 4G 并存。

上面这四点是我们必须了解的时代背景。我总结一下：第一，电信行业的重要性不言而喻，它带动了中国整个国家的高科技行业；第二，电信企业基本上都是有国籍的；第三，电信企业基本上都是跨国的；第四，2G、3G、4G 的时代同时来临。那么各位朋友，如果以 4G 为例，这个时代来临了怎么办？你觉得这次华为跟中兴通讯事件，是不是竞争对手有意将华为、中兴两家公司排除在 4G 之外呢？如果这两家公司没有实际的 4G 项目，那我请问你，它们该如何积累技术？如何积累运营经验？如果没有 4G 经验，那么你就错过了 4G 的时代，5G 你也就没有机会了。因此，对于中国高科技行业而言，能否有效进入 4G 时代是一个极具战略性的、非常关键的问题。

第二节　华为的艰难美国路

我为什么提到思科？因为 10 月 8 日美国国会的决议基本上就是思科推动的。有调研结果显示，美国国会议员中有 73 个人握有思科的股票，也就是说思科把公司的自身问题提升到了国家安全层次的高度。

为什么？我认为思科的目的是希望通过与美国政府的合作，把华为跟中兴挡在 4G 的门外，让它们进不了 4G 时代，而这个结果我之前已经说过，将会给我们国家带来巨大的伤害。

那么华为到底是一个什么样的公司？它是否有让思科和美国恐惧的水平呢？事实上，早在 2G 时代华为跟思科已经正面交锋过了。

中国战区：华为胜，思科败。1994 年思科进入中国，当时思科的看家法宝是路由器、交换机等数据通信和企业网产品，它在全球数据通信领域的市场占有率达到了 70%～90%。1999 年华为第一次在中国推出数据产品接入服务器，一年时间就抢到了新增接入服务器 70%的市场份额。2002 年华为在其他电信设备领域如路由器、交换机等市场占有率直追思科，迫使思科在中国的电信设备整体价格下降了 15%。

拉美战区：华为初战告捷。2002 年秋天华为在巴西抢到 400 万美元订单，原本这个市场是思科的，为此思科的招标经理第二天就被开除了。这一年，思科在全球网络设备市场占有率首次出现下滑。对此，思科 CEO 钱伯斯专门成立了一个"打击华为"工作小组

美国战区：思科胜之不武，华为遭遇滑铁卢。2002 年华为进入美国，可能是华为高调进入自己的大本营让思科难以接受，而且当时华为在美国主流媒体做了非常具有挑衅性的广告："它们唯一不同的就是价格"，广告的背景就是思科公司的标志。华为进入美国后第一件事就是和思科的老对手 3Com 谈判成立合资公司，当年 6 月美国亚特兰大电信展上华为的产品和思科性能相当，价格却低 20%～50%。这一切让思科非常愤怒。这是一种赤裸裸的挑衅，同时也是一种非常高调的宣传，正是这个宣传，让思科和华为结下了梁子。

2003 年，思科一纸诉状将华为告到法院，并多次强调，有证据显示华为漠视美国公司和实体的知识产权。思科的目的是什么？让美国

老百姓从那个时候开始对华为产生偏见。此次诉讼案后，一些媒体专门针对此事对美国的老百姓进行了采访，美国人普遍认为华为看起来应该是一家不重视知识产权的公司，而且华为应该是抄袭了思科的专利，然后企图以更便宜的价格倾销到美国市场。思科通过状告华为在美国老百姓心中埋下了一根刺，直到今天美国人仍然认为华为是在抄袭思科。这场官司已经以和解告终，但是思科明显达到目的了，华为的客户合同因此搁浅，思科有效地狙击了华为的进军美国之路。

2007 年，思科 CEO 钱伯斯曾直言不讳地表示，华为将是思科全球发展的噩梦。而华为的增长速度也的确非常惊人，目前已经超过爱立信跃升为全球第二大电信设备制造商和全球销售额第一的电信设备制造商。这怎么能让思科安心呢？思科的净利润率从 2007 年的 27%下降到 2012 年的 10%，某些核心产品的市场份额更是下滑到了 50%。同时，为了减少成本，思科不得不频繁裁员。而对于给思科贡献了近 60%销售额的北美市场来说，思科是一定要严防死守的，因此面对华为这个雄心勃勃的对手，思科才不惜通过借助国家机器来阻止华为的攻城略池。

华为把爱立信赶出非洲。从 2004 年开始，为了拓展海外市场，华为的利润率从 20%降至 7%左右。相比爱立信或者阿尔卡特朗讯这样的企业，华为提供的价格要低 40%左右。非洲最大的国家尼日利亚一半以上的市场被中兴与华为联合占据，其他市场也不相上下。

华为在欧洲展现“中国好声音”。2005 年 11 月 21 日，全球最大的移动运营商沃达丰与华为签署全球采购框架协议，选择华为作为其全球 WCDMA 优选供应商，为沃达丰在其运营的 21 个国家的市场上提供定制的 WCDMA 手机。也就是说，在 3G 市场上，华为在欧洲取得了完胜。这是一个非常了不得的成就。我给你提供一些实际数据，有两件事情可以说明华为的成就。

第一，华为通过解决高速信号问题赢得市场。沃达丰在欧洲的 WCDMA 网络覆盖了一条主要的高速铁路，但在高速运行的情况下，打电话的接通率只有 56%，这个效果是非常差的。所以逼得沃达丰不得不把它覆盖高速铁路的基站关掉，然后采用华为的设备。华为也的确非常争气，当在这条线路上铺设了华为的设备以后，语音、可视电话、高速上网等业务都能顺利进行，其中语音呼叫成功率高达 99.7%。从 56%到 99.7%，这是一个多么大的提高！不仅如此，华为的设备在我们上海磁悬浮列车上面也进行了很好的应用。磁悬浮列车时速 430 公里，虽然这个列车基本上是没人坐的，但华为在 430 公里/小时的情况下做了测试，它的语音通话成功率还是非常高的。

基于这一点我们可以说，在 3G 时代，华为应该是全世界唯一一家克服了这种技术障碍的公司，这也就是为什么沃达丰会选择华为成为自己 21 个国家市场的 WCDMA 制式手机的提供者。从上面的数据我们也可以看出，华为确实有其非同凡响的地方，而且是独家的贡献。

第二，开发分布式基站让华为开疆拓土全世界。打手机需要基站，我打手机的讯号不是直接去你的手机，而是先通到基站，再由基站把讯号传到你的手机，然后我们才能通话。那基站是个什么东西？基站一般都很大，在美国使用大型基站是没有问题的，因为美国地广人稀，但是同样的东西在欧洲就不可以，欧洲人多地小，搞一个那么大的基站，放在哪里呀？另外，欧洲高昂的人力成本使得基站的安装费、租赁费、运输费变得非常高。最后华为开发了一个分布式的基站系统，这一解决方案颠覆了传统基站的基本形态，大大降低了 3G 网络的建设难度。华为把基站分成可以独立安装、扩容和演进的两个模块：射频模块可以靠近天线安装，具备体积小、质量轻、功率大的特点；基带模块只有 DVD 盒子大小，可以内置到现网的电源、传输或 GSM 基站等设备机柜的里面，运输、工程安装费用大幅下降。截至 2008 年年底，这种分布式基站让华为在全球累计拿到 128 个 WCDMA/HSPA（WCDMA 进化技术）商用网络合同，建设了全球近 50% 的 WCDMA/HSPA 商用网络。

那么，华为在欧洲 3G 方面取得的成功能在美国复制吗？不能。华为在美国是非常非常辛苦的。比如说 2007 年、2008 年华为两次要收购 3Com 公司，双方都达成协议了，但是美国政府不批，原因是莫须有的"影响国家安全"。2010 年竞购 2Wire，这只是个互联网软件公司，但也没能获得美方批准。类似的事情还有很多，竞标 Sprint 几十亿美元的合同，美国只一句"中兴和华为与中国军方关系密切"，结果使它们连竞标的资格都没有。收购摩托罗拉无线网络、收购 3Leaf 都被美国投资审议委员会否决。可以说，华为在美国寸步难行。

先来看看 Sprint 的案子。2010 年美国电信公司 Sprint 为了升级网络进行了一项价值 50 亿美金的招标，而按照华为当时的报价每一年可以给运营商节省 8 亿美金的支出。但是，时任亚利桑那州共和党参议员、在参议院共和党内排名第二的琼 · 凯尔（Jon Kyl）发动部分议员进行"上书"，暗示不应该让华为中标，理由还是国家安全。随后，时任美国商务部长的骆家辉也致电 Sprint 公司 CEO 丹 · 汉斯，表达了他对国家安全的"深切担忧"。最终，这项高达 50 亿美元的合同由三星、阿尔卡特朗讯和爱立信三家公司收入囊中。

那么，华为真的威胁到美国的国家安全了吗？我们看看美国人是怎么评价华为的。东北无线网络公司 CEO 罗伯特 · 帕斯洛，曾经在华为的对头朗讯公司供职。他对华为的 SingleRAN 技术赞不绝口，该项目在处理Sprint的CDMA和AT&T的GSM技术，以及加拿大的微波互联接入技术方面都提供了最优秀的解决方案。他说："这是最优秀的解决方案，也是我为什么对华为设备如此着迷的原因。单从技术来看，他们的确称得上是目前行业中的真正领袖。"而也因为美国频频提出的安全问题，帕斯洛在采购之前特意去了华盛顿，在两个半月的时间里每周去一次。他说："我在华盛顿的国会山拜访了许多参议院和国会议员，我还去了安全机构。我绝不能做出任何可能危害国家安全的决定。"

尽管美国专业人士给了华为产品非常高的评价，尽管热爱国家的美国专业人士频繁走访安全机构和议员后，并不相信华为的设备会带来国家安全威胁，但是坦白讲，华为在美国仍旧是非常非常不顺利的。华为本来已经超过爱立信成为全世界第二大电信设备制造商，但是它所有的产品在美国的销售额只占了4%，而这个4%里面的70%都是手机，那简直不算一回事。也就是说华为在美国简直是毫无进展，甚至可以说是惨遭滑铁卢，这是让人感到非常忧心的。

第三节　螳螂捕蝉，黄雀在后

大家要清楚，别看今天思科跟华为打得天翻地覆、极其激烈，但是真正的赢家还是美国。知道为什么吗？不论是在2G时代、3G时代，还是4G时代，CDMA系统都将占据一个绝对主导的位置，但我请各位猜一下，真正握有CDMA大部分专利权的是哪家公司？美国的高通公司。

高通是CDMA技术的创始者，拥有与CDMA无线通讯标准相关的专利权上千项。高通已经就其关键的CDMA技术向全球超过100个电信设备制造商发放了许可证。翻看高通公司年报，我们发现过去三年（2009—2011 年）它的技术授权部营业收入都达到了公司总收入的 3 成以上，而 2011 年仅授权收入一项就达 57.3 亿美元。所以高通才是最后的赢家，它才是美国电信行业真正执牛耳的公司。

3G 时代，在业界获得广泛认可的只有那三个以高通 CDMA 技术为基础（CDMA-Based）的标准，即 CDMA2000、WCDMA 和 TDD。其中，CDMA2000 是美国的系统，它是真正由高通所主导的；欧洲和日本的系统叫做 WCDMA，当然这里面还是得用到部分高通的专利；而中国的 TD-SCDMA 系统则是 TDD 下的一个变种，在关键的 TD 专利上，大唐占据 12.2%的专利比例，华为占据 10.1%，中兴占据 7.4%，合计为 29.7%，剩下的大约 70%的专利还是掌握在欧洲的爱立信和美国的高通手里。

但是，有一个东西忽然改变了整个 3G 时代的格局。在 2002 年的时候，CDMA2000 可谓是真正横扫全世界的，当时这个系统占了整个世界份额的 80%。但是到了 2010 年，它的市场占有率跌到 45%，各位知道为什么吗？是苹果手机的缘故。苹果和美国四大运营商谈判的结果是，WCDMA 标准的 AT&T 愿意给苹果最高的分成，这个分成就是每个用户手机费直接给苹果分享。可是，为什么美国的 AT&T 要用欧洲日本联盟的标准呢？因为日本的 NTT 是美国 AT&T 的大股东。实际上，最开始 2004 年就是日本 NTT 给美国 AT&T 授权使用 WCDMA 标准的。就因为这项合作，结果绝对打压了美国的制式系统 CDMA2000，使它的市场占有率从 2002 年的 80%暴跌到 8 年之后即 2010 年的 45%。

那么高通为什么会同意呢？对高通而言，无论是发展 WCDMA 还是 CDMA2000，对自身来讲是没什么差别的，反正自己总是能收到很多钱，所以无所谓。高通同意的后果，就是 WCDMA 系统慢慢取代了

CDMA2000。然而这个事情在思科或者美国国会看来，都是一个可怕的现象，是一个绝对的威胁。

各位可以想一想，如果4G时代再发生类似事件，像华为这种进取心如此之强、科技技术如此之高的公司，有没有可能重蹈苹果手机的“覆辙”呢？通过联合一家像AT&T这样的小公司，最后反而使中国的系统取代了美国的系统，这是极有可能的。这是因为：

第一，4G时代实际上只有两大标准竞争了，欧洲日本和美国达成了战略一致，一起搞FDD-LTE，余下的就是中国的TD-LTE。也就是说，WCDMA和CDMA2000会直接合并升级到叫做FDD-LTE的4G系统。我们中国呢？TD-SCDMA可以自我升级到TD-LTE，这是我们中国自己的4G系统。

第二，中国在4G时代纠正了3G时代的错误。我们在3G时代吃亏了。3G在2000年的时候就已经出来了，可是我们受制于高通，到2008年才进入3G时代，中国三大电信运营商，中国移动用的是TD-SCDMA，中国联通用的是WCDMA，中国电信用的是CDMA2000。在中国3G市场（不是整个手机市场），联通占的份额超过50%，中国移动的份额只有24%，甚至在有些地区还不如中国电信的份额高。那是非常郁闷的时代，3G时代搞得太差劲。为此，我们中国政府做了什么事呢？我们吸取了3G时代的教训，在4G时代，首先只给自己的TD-LTE发牌照，而且我们发牌照非常早，避免了3G时代的错误。

第三，中国移动非常给力，成功策划了高通哗变。2012—2016年，美国电信运营商预计在4G网上投资最高将达530亿美元，能够带动美国国内GDP增长1510亿美元，并创造77.1万个就业机会。与此同时，中国移动也全面启动4G网络建设，2013年开始在国内100个城市进行TD-LTE设备采购，TD-LTE基站超过20万个，投资总额约

1800亿元。二者可以说不相上下。面对如此大的市场和可能带来的高额利润，高通非常感兴趣，为此它宣布S4 Plus MSM8930处理器同时支持FDD-LTE和TD-LTE。如此一来，皆大欢喜，也就是说在高通授权的情况之下，我们国家自己的系统也就是中国移动的TD-LTE活了。这样就进入到一个全新的战国时代，华为和中兴通讯两大电信设备制造商做TD没有问题，做FDD也没有问题，两个都能做。

所以这个时候对思科而言，如何将华为跟中兴通讯挡在4G的门外才是当务之急，这就是为什么思科做了大量的工作，联合美国国会最后在10月8日出台了一个没有任何真凭实据的50页的报告。正如我在本章刚开始所讲的，一旦它们的阴谋得逞，那打击的就不仅仅是华为跟中兴通讯两家公司，而是以这两家公司为代表的整个信息工业产业链，而这个产业链几乎覆盖了中国所有的高科技企业。根据2012年工信部和中科院等机构的预测，4G网络商用后可以带动终端制造和软件等上下游行业，产业规模将突破万亿。所以，这将是一个非常致命的打击。

我相信，在4G时代，华为跟中兴通讯到了美国的日子还是会很难过，就像3G时代一样。不过此时我想请各位注意，在这种时刻，我们一定要像美国政府力挺思科一样，为了保护整个国家的信息工业产业链，必须出台一系列的法律，甚至资助华为以及中兴通讯。我们必须记住，帮助它们不仅仅是帮助这两家企业，而是帮助几乎所有中国高科技公司在内的整个信息工业产业链。

第十章

电子商务不过是产业链效率的竞争

前阵子大家讨论的最热门话题就是京东跟苏宁还有国美的价格大战。战斗完了发现不过是一场骗局，一淘所做的调查数据显示，在这场电商价格大战当中，真正降价的商品不到4.6%。

第一节　京东为何挑起“价格大战”

京东 CEO 在微博中宣称：“京东家电三年内零毛利，从今天起，京东所有大家电保证比国美、苏宁连锁店便宜至少 10%以上。”苏宁方面也宣布迎战，苏宁的网上店铺“苏宁易购包括家电在内的所有商品价格必然低于京东，任何网友发现苏宁易购价格高于京东，我们都会即时调价，并给予已经购买反馈者两倍差价赔付”。这听起来很好，价格最后得跌到零。可是大家都聪明得很，以笔记本电脑为例，反正功能都差不多，产品型号尾数是奇数的在京东卖，尾数是偶数的在苏宁卖，或者一个带光驱一个不带，一个有读卡器一个没有，然后给它们命两个不同的型号。以清华同方为例，它有一个产品叫做金瑞，卖到大中电器叫做金瑞 V41H，卖给苏宁易购叫做金瑞 V4107。因此名义上是两款电脑，实际上却一样。老百姓又不会把每一款产品详细地对比，所以最后真正同型号、同样的产品能够降价的只有不到4.6%，其他的基本上都是不可类比的。

最后的赢家还是电商。京东也好，苏宁也好，通过所谓的“价格大战”赚足了眼球，没有花广告费，但却达到了数倍、数十倍甚至上百倍的广告效果。媒体所谈到的话题，我就不继续追索下去了，在这里我只想跟各位谈一下我的看法。

第一，这次价格战的导火索。

苏宁电器迫于电商的压力开始做电子商务“苏宁易购”，价格比自己的实体店要低，这就动了京东商城的奶酪，两家结下梁子。8 月 15—20 日，苏宁易购举行 3 周年店庆打折优惠，京东商城就过来搅局。为什么说是搅局而不是真正的要打价格战呢？因为京东号称比苏宁便宜 10%是指比人家的实体店便宜，而不是比苏宁易购便宜。这正是玄机所在，网店当然比实体店便宜。京东的真正目的是把大家从实体店赶到网上来消费。你可能会问，这样有什么好处呢？人家苏宁不也有网店苏宁易购吗？原因在于京东目前最大的竞争优势就是自己的物流配送，只要大家都在网上买，它就有信心做得比别人好。

第二，京东首先挑起战争的勇气在于自己的物流系统。没有金刚钻，不揽瓷器活儿。我们研究后也发现，京东确实有三板斧。

我们的调研结果显示，京东是有底气打这一场仗的。在这一次的电商价格大战当中，京东通过对物流系统的高效整合，使得效率大幅增加，成本大幅下降。仅靠一个物流系统的优化就使得京东的成本大幅下降，因此它就有着与苏宁以及国美斗争的勇气，而且它这个成本下降其实也超过其他的网购商店。我觉得这一点很值得我们每一个企业参考。

当然了，虽然有成本的优势，但是对于京东的领导人而言，如果只想做广告吸引眼球的话这样做就够了，还有必要展开割喉大战吗？

还有必要和苏宁拼得你死我活吗？因此虽然京东明明可以继续降价，但是它最后却和苏宁玩了一把之后没有降那么多。做了广告之后，由于它的成本低结果价格降得不多，成本低的同时利润空间反而更大，这对它都是有利的。

所以说，表面上看起来这就是一场由苏宁和京东导演的大骗局，或者说是忽悠大战，但其实呢？我们经过研究发现，在这场价格大战中，京东在价格未做大幅下调的同时成本却不断地下降，因此其利润空间非常大。再加上这次广告做得很成功，最终使销售额大幅增加，那么它的利润肯定是暴涨。这一点应该是京东这次取得成功的关键，也可以说是取得最大收获的关键。

第二节　产业链效率是竞争的最有力武器

我想通过京东这次的案例给各位提出一个全新的思维。由于中国经济现在开始已经慢慢步入一个下行的阶段，那么这个下行的阶段也就是经济萧条会走多久我们不得而知。当然了，和各位朋友一样，我们肯定是不希望这一下行阶段很长，但是这不是以你我的意志为转移的。我认为我们这一次的萧条很可能重蹈日本的覆辙，将是一个长期的萧条。为什么？因为目前中国各行各业的产能过剩情况都非常严重。既然如此，我们这些企业都将面临一种可能发生的长期萧条。我希望透过我对于京东甚至苏宁的研究得出一些能够对我们企业有帮助的新思维，能够帮助各位企业家在即将到来的长期萧条中寻求一个突破口，那就是产业链的高效整合。

这个“产业链”是一个非常有意思的概念。今天，我们买一个茶杯也好，一部手机也好，圆珠笔也好，梳子也好，或者一张纸也好，这都不是一个制造商所能够完成的，它一定要经过一个产业链才能最终到达客户的手中。这是什么意思呢？也就是说，任何一个商品都要经过产品研发、原料采购、仓储运输、制造、订单处理、批发、零售这些环节。为了讲得更具体一点，我先把“制造”分离出来，其余的产品研发、原料采购、仓储运输、订单处理、批发以及零售这六大非制造环节就共同构成了一个产业链，六大非制造环节再加上这个“制造”就叫做“6+1”，又构成了一个完整的产业链。

我们平常关注什么呢？关注制造。但是京东的这个案例让我们知道，如果能够把这一块，“6”这一块，做一个高效整合的话，成本会大幅下降，利润会大幅升高。所以未来企业想要真正突围，尤其是在一个可能到来的长期萧条情况之下突围，我觉得我们整个思维应该从“制造”脱离出来，进入这六大非制造环节，着力加强这六大非制造环节的高效整合。

当然，这样讲听起来好像有点悬乎，有点学术味，那么我们不讲那么多废话，就直接谈京东，看看京东到底做过什么事，相信可以给我们企业相当大的启发。京东做的事就是对这六大非制造环节中的其中几个环节的高效整合。在六大非制造环节中，仓储运输、订单处理、批发和零售这四个环节加在一起就叫做大物流环节，这个大物流环节就是京东在这一次价格大战中的真正亮点。我们来看看京东怎么做的。

京东 2004 年创立，至今没有一家实体店。2005 年营业额是 3000 万，2011 年底就达到了 210 亿，年均增长率 198%。2012 年京东的目标是 600 亿。相比同时期的苏宁，京东走的是完全不同的道路。苏宁靠的是店铺的扩张，2005 年销售额 159 亿，店铺 224 家；2011 年末销售额 939 亿，店铺扩张到 1684 家，店铺增长率 40%，销售额增长率 34%。两相比较，一个是 198%，一个是 34%，这个数据差别代表什么呢？代表网购的增长率远远超过实体店的增长率。照这个速度发展下去，京东两年后就能超过苏宁。

我再给各位举一个例子。2009 年到 2011 年两年之间，苏宁的人工跟租金成本上涨了 90%，但是销售额只上涨了 60%。若以 2012 年上半年的数据为例的话，苏宁的销售额下跌 10. 8%，利润下跌 30%，过去 8 年利润复合增长率超过 60%，2012 年则是负利润，负 30%。国美更糟糕，还不是负增长的问题，利润本身就是负的。这是什么意思？代表这一两年由于人工、租金成本大幅上涨，经济萧条所带来的购买力下降，使得实体店遭遇了重大的困难，但是网购却是一枝独秀。

2010 年，整个网购的数量上涨了 489%，电器、电子类产品上涨了 406%。2011 年，虽然经济开始下滑，整个网购销售量只上涨了 108%，其中电子产品销售量上涨了 99%，但这个数据仍是非常惊人的，同时也说明网购市场的前景是非常乐观的。也就是说，你只要把包括仓储运输、订单处理、批发跟零售在内的这四大块物流环节做好了，并对其进行高效整合，就可以使销售量大幅上涨，利润就会大幅增加。而网购的优势恰恰就在这里。

第三节　京东的高效产业链

那么我们讲得更具体一点，看看京东是用什么方法把这四个物流环节整合在一起的。对于京东所用的办法，我给它取了一个很形象的名字，叫做三板斧。

第一板斧，京东建立起全世界最高效的物流系统。讲到物流，我们一定会想到顺丰、圆通、申通、EMS 或者其他什么，不管怎样，都是些快递公司。如果京东选择这些快递公司发货的话成本会非常高。

因为快递员每天会接到多少通电话他不知道，第二天送什么货、多大重量也不知道，因此整个物流系统就存在一种不确定性。那么，为了应付这些突发企业的电话，或者是突然增加的运货量，你必须保持平均30%的多余的运力。那么对于这30%的增加的运力，如果你想用快递公司的话，你就必须支付这部分钱。除了支付这个30%多余运力的钱之外还有什么呢？它的利润你得付吧。所以对于一家所谓网购公司而言，如果你真正的物流载体是目前市面上的快递公司的话，成本将是非常高的。所以，京东面临的关键问题在于，如何通过建立起一套独特的系统，使得仓储运输、订单处理、批发跟零售这四大块大物流系统高效整合，实现成本降低。

京东没有采用目前市面上的快递公司，而是从2007年就开始建立自己的庞大的物流系统，并于2010年正式投入运营。按照我的观察，京东的物流系统比包括美国的亚马逊在内的其他公司还要高效。2010年4月，京东宣布推出“211限时达”服务：北京、上海、广州、成都四城市由京东自营配送的区域，小件商品均可实现上午11：00前提交现货订单，当日送达；夜里11：00前提交现货订单，第二天上午送达。要做到这一步你晓得有多难吗？你晓得这个需要多少有效的系统才能做得到吗？配送速度大幅度提升带来的震撼远非广告可比，这一年，京东的销售额突破100亿元，较2009年增长150%。目前，京东自营配送已经覆盖了全国300个城市，其中25个城市承诺“211限时达”，履约率能够达到97%。这个物流速度是全球最快的，也是很惊人的。而美国的亚马逊到现在才刚刚开始这项服务，而且还只是在几个城市做试点，它的整个效率跟速度已经远远落后于京东。这一点就是京东的第一板斧。

> 京东的物流系统叫做B2C，顺丰的物流系统叫C2C，这两种物流有质的不同。后者是网格状的，每个点和全国任何一个点都是相通的，既送又收；而京东是轮轴状、单向的，从一点到多点，只送不收。这意味着什么呢？顺丰的快递员，永远不知道下一分钟是谁打电话过来，发多少包裹，发到哪儿去。多少件、多大重量，都不知道，可能只发一件，也可能发100件。所以它的快递员在全国每个点上都必须是有余量的，至少要有30%，包括它的车辆、飞机。这是没有办法的事，UPS（美国联合包裹）也一样，因为随机性太强。如果做B2C的京东使用C2C物流，则必须分摊后者由于冗余增加的成本，自建的话就能控制这部分成本。

第二板斧，京东通过整理和分析网站点击数据预测需求。试想一下，京东总共有200多万种货品，如果每一种货品都来个“211限时达”的话，200多万种货品乘上“211限时达”，你晓得这个工作量有多大吗？比如说今天在某一个三级城市，突然有一个人要买一台冰箱，或者是一台电视，或者其他什么货品，那你有没有办法从北京、广州、上海等仓库里面直接送货过去呢？你晓得这个距离多远吗？这么远的距离你还能做到限时达吗？就算这个订货的人就在上海某一个区，比如说奉贤区，你有把握顾客11点前订购，你下午就可以送到吗？如果说在顾客订购的时候，这个货物恰好就在他附近的仓库，那你当然可以限时达。但是如果货物不在顾客附近的仓库，而是在很远的地方呢，你还能做到吗？

各位，京东有200多万种货品，每一个货品都有限时达的压力的话，你能想象出这个压力有多大吗？那么京东又做了一件什么事值得业界广泛关注呢？京东所做的，就是通过网站点击率预测需求。比如说今天有 100 个人在京东上点击了冰箱，当然，买的人不会是 100 个，说不定只有 10 个。京东根据这个历史数据归类整理后发现，如果有 100 个人点击冰箱的话，可能有 10 个人会最终购买。一旦有了这个数据就比较好管理了。我们一起分析一下为什么，因为按照历史数据来看，从一个人点击之后到他决定货比三家，比如说到别的网站比较一下，或者到实体店去看一看，到最后购买平均需要 2.7 天的时间。那么就凭 2.7 天这个时差，京东就能够把货物运到顾客附近的仓库。我们仍以上海的奉贤区为例，刚好有 100 个人点击冰箱，按照惯例大概有 10 个人会最终购买，所以在 2.7 天当中，京东就从其他仓库（可能是闵行区的，也可能是松江区的）调 10 台冰箱去奉贤区的仓库。等最后真有 10 个人下单购买时，京东就可以就近在当天把货物送出。我觉得这一点很值得我们关注。京东曾经作过统计，像奉贤区这种二级仓库，它的履约率也就是这个调拨的准备率高达 92%，因此在京东每一件货物的库存时间平均为 20 天，而亚马逊则是 44 天。所以京东的这种调配能力和效率远远超出亚马逊。那么这个也就是京东的第二板斧。

第三板斧，精细化管理。物流不是单靠哪一招制胜，它需要大量细化管理，所有环节都要做到极致。你可能会说，仓储运输也好，订单处理也好，批发也好，零售也好，不就是运东西吗，要降低成本很简单啊。但是你想过没有，当你运一台冰箱或者一台电视机的时候，外面的纸盒、纸箱怎么包装？塑封胶带你要缠多少圈？如果之前你是缠一圈，那么可不可以缠半圈，或者能不能缠 1/4 圈呢？缠一圈跟缠半圈的成本当然不同，如果经过测试后发现缠半圈的效果和缠一圈是一样的，那干吗还要缠一圈呢？如果每一个货品都只缠半圈的话，你晓不晓得最终能够节省多少这种成本？同理，还有塑料袋怎么用？包装箱怎么用？另外，司机怎么样到站里最快，拿到货怎么分配给配送员，配送员怎么拣选最快路径，能不能走不会塞车的路、红绿灯少的路？能不能不要经过步行街，尽量不要左转弯？走内环高架，还是其他路线？比如送货上卡车，或者放自己背袋里面，你要如何装货？是小货品放前面，还是大货品放前面？这些其实都是技术性非常强的活儿，是需要分析研究的。这也就是所谓的精细化管理。精细化管理是一门非常复杂的学问，也是一项非常非常复杂的工作，但是这个工作一旦到位之后却可以令你显著减低成本。我们仍以京东为例，从 2009 年到 2011 年的两年时间里，京东的物流成本就因为这种精细化管理平均降低 30%，而这 30%就是竞争力。

所以到最后你会发现，京东通过建立起全世界最高效的物流系统、依靠点击率预测需求、实施精细化管理，对仓储运输、订单处理、批发和零售这四大物流环节进行高效整合，使得物流效率大幅提升，成本显著下降，从而在竞争中拥有主动权。就是这三板斧使得京东的成本远远低于其他的网络商店，而网购的成本本来就比实体店低，所以它当然要比苏宁的低。

这就是为什么京东底气十足，敢于发动价格大战，因为只要有 5%～10%的利润它就能卖，实体店则要 25%左右。如果京东的成本更低，那么对实体店的冲击当然也就更大。这也是为什么京东通过三板斧一举革了实体店的命。整个大物流系统的高效整合是我们每一位企业家都应该学习的一个新观念。这个新观念给了京东一个充分的利润空间，让它在与对手的竞争中能够立于不败之地，这一点值得我们思考。

苏宁当然不可能坐以待毙。自 2009 年起，由于租金、人工等经营成本不断升高，2009 年末，苏宁的销售和管理费用达到 61 亿元，

2011年末销售和管理费用增加到115亿，两年增长了90%，但是销售额仅上升了61%。因此苏宁的老总张近东说："如果我做电子商务，可能会犯错，可能会倒下，但是我不做肯定会倒得更快。"所以，为了应付京东，他从2010年开始搞了一个苏宁易购。这个苏宁易购和京东是完全不一样的体系，京东必须要靠三板斧才能把货物配送到你家，可是请你记住，苏宁在全国各地已经有1700家门店了，它在各地都有非常好的仓储运输设备，所以这个"易购"是直接捆绑在1700家门店上的这么一个运输系统，透过这1700家的销售网络，它的送货范围比京东还要广，已经有110个城市可以做到半日达，有200个城市可以做到次日达，这是相当了不得的成就。那么它的运输速度怎么样呢？由于有1700家门店，也就是说相当于有1700个小仓库，它的运输速度一点都不比京东慢。因此，苏宁易购的送货范围比京东还广，速度也不比京东慢。那么这就给京东造成了很大的压力，促使京东采取所谓的"价格大战"这种反击措施。但是我认为京东和苏宁的大战不可能持续，因为走到最后的话很可能是两败俱伤，因为大家都是用压低成本，也就是都采用所谓的让四大物流环节高效整合、提高效率、降低成本的这样一个做法。

所以我可以从这次价格大战得出这样的结论：京东挑战苏宁的传统模式，而苏宁的"易购"让京东如坐针毡。也就是说这两个电商，苏宁易购和京东，如果都是这样的运送方式，一旦京东的运送范围不如苏宁易购，而且运送速度和苏宁易购差不多的话，那么这场大战打下去的话最终将鹿死谁手是不清楚的。所以这就是为什么到最后你会发现，它们在忽悠了消费者一把之后和平收场，既都提高了效率，都降低了成本，还免费做了广告，何乐而不为呢？因此最后的结局必然是大家握手言和，然后把一切的疑惑和不满留给消费者。

延伸阅读

走出电商困局

近几年电子商务的疯狂扩张，其实和线下零售20世纪90年代到21世纪最初几年走的路子十分相似。扩张是为了抢地盘，抢市场份额，但是企业自身如果没有可持续的经营能力，那就很可能成为一把堆积起来的泡沫。几年前我在阿里巴巴工作的时候和同事们分析线下走过的弯路，很多年轻的同仁不以为然，觉得那是传统企业的问题，“在互联网不存在这种状况”。殊不知，高速增长不可能是永续的，哪怕是超快速增长的电商行业，也不可能长期保持每年三位数的增长速度。以淘宝为例，经历了大约十年超常年增长以后，2013年开始，我们都看到其同比增长的速度明显放缓。这其实是很正常的现象，在其他电商企业和线下零售业也有类似趋势。每个行业，每家企业，如果没有精耕细作的能力和准备，只懂得开快车，那一定会隐藏危机。线下零售走过的曲折并非个案，历史总会以其惊人相似的面貌重新出现。

快速行进中总会扬起一阵灰尘，虽然是正常情况，但漫天扬尘的时候很容易让人迷惑甚至误判，我们千万别把尘埃当体积。落到地上的，才是实打实的重量。

体量是圈地式的运动产物，体量之下是否有足够的产出？电商作为一种崭新的零售形式，其管理细节是否得到了应有的重视？我们回过头来看，为什么有那么多的企业空有规模没有利润？为什么相互间模式雷同，价格战口水不断？我们能不能以一种更加理性、更为精细化的管理思维，去实现从零售大国到零售强国的跨越？

毕竟，结实才富于生命力，人体如此，企业亦然。

（本文摘选自黄若的《走出电商困局》）

第十一章

照明行业，时刻警惕产业资本

雷士照明事件可谓闹得满城风雨，震撼了整个中国企业界，其中关于风投的争议非常大。我们的媒体大概分成两派，一派是同情雷士照明的创办人，原董事长吴长江。另外一派认为吴长江这个人不太守规矩，比较支持风投那一批人，包括软银赛富的阎焱，和法国施耐德电器亚太区的总裁朱海。最后这事搞成了说不清道不明的“罗生门”。

我相信大家也一定非常关注这个话题，到底风险投资公司或者国外的私募基金在中国扮演了一个什么样的角色？我以前就在不同媒体里面提过我的观点，其实大家都把外资看得太简单了，引进外资甚至还被当成了一个正面的评价，其实大家完全不晓得这个外资到底有多复杂。

第一节　究竟是风投、外资猛于虎，还是我们不专业？

姑且不论孰是孰非，我想先跟各位提一个非常简单的观念，为什么风险投资或者私募基金给我们带来这么大的震撼？不知道读者朋友还记不记得，1999 年关于南孚电池的故事。在南平市政府的主导下，以南孚电池69%的股份和摩根士丹利、新加坡国家投资公司，以及荷兰国家投资银行联合成立了一个中国电池有限公司。我们的领导最喜欢搞这种玩意儿，特别喜欢搞什么大项目，比如中国某某公司、最高的楼、最高的塔、最大的公司等诸如此类的东西。但自己的水平又不够，于是就引进外资，跟外资合作来搞。可是你们有没有考虑过外资为什么会跟你合作，合作之后会有什么结果？结果很可能就是把我们自己给坑了，南孚电池就是一个极好的例子。

当时成立这家所谓中国电池有限公司的时候，按照我们领导的期望搞了一个51%股权。这个51%股权是很有意思的，我们领导认为外方只持有49%，那么自己可以控股，掌握局面。但是请你想想啊，这些人的水平哪里能够跟风投或者国外的投资银行相比呢？最后一定是惨败。让我们来看看是怎么惨败的。摩根士丹利慢慢蚕食中国电池有限公司的股权，通过各种方法，大概投入了4200多万的美金，间接通过中国电池有限公司控制了南孚电池72%的股份。按照惯例，投行是不想长期持有股份的，所以最后以1亿美金的价格卖给了美国吉列。吉列是家什么公司？它有一个电池品牌叫做金霸王，金霸王电池在中国的市场行销完全不能和南孚电池相提并论，整个市场份额大概就只有南孚电池的1/10而已。这下好了，通过摩根士丹利有效的资本运作，金霸王拿到了前所未有的渠道方面的优势，甚至囊括了300多万家零售店，虽然这些零售店并不都是什么大门户，有些甚至只是小商店，那也是不可想象的！就是这么一个简单的资本运作，通过摩根士丹利在里面来绕一圈，结果吉列的金霸王就席卷了中国市场。

想到这个案例的时候，我是感到非常痛心的。也就是说按照我们国人，尤其是领导们的这种非专业思维，自以为占了便宜，自以为搞了一个最大的电池公司——中国电池有限公司，自以为控股51%是最大股东，有绝对的发言权，结果被摩根士丹利这么一搞，失去了我们广大的市场。

除此之外，还有一个例子，2007年太子奶重蹈覆辙。太子奶也找投行合作，分别是英联、高盛和摩根士丹利，这三家公司先给太子奶总共注资7300万美金，然后就跟太子奶签了一个不平等协议。我都搞不清楚太子奶集团的李途纯怎么可能签这种协议？那么究竟是什么不平等协议呢？协议说注资以后的三五年之后，如果增长率超过50%，外资的持股比例可以相应的下降，如果增长率不到30%呢？那就麻烦了，李途纯有可能被扫地出门。

结果到了2008年年底发生了我们大家都知道的，闹得非常大的牛奶风波即三聚氰胺事件。于是，太子奶净资产由22个亿暴跌为2个亿，可以说这家公司遭遇了前所未有的重创和巨亏。而这三家风投公司，高盛、摩根士丹利跟英联的投资总额虽然只占40%，但是按照协议，一个不可撤销的协议，李途纯被一脚踢出去，净身出户！

又一个风投席卷中国企业的故事，我对此也同样感到非常不爽。

第三个案例是在视频领域做得非常好的土豆。王微本来创立土豆的目的是什么？和优酷竞争。最后又是简单地相信了风投，于是土豆85%的股份由风投控股，而自己持有13%，等到上市以后，王微的持股率只占8%左右了。那么投票权呢？大概还有25%，可这有什么用啊，75%的投票权都给别人拿走了。结果呢？退市之后竟然还被风投捆绑。原来王微创立土豆的目的是跟优酷竞争，而最后却在风投的强迫下和优酷合并。我想请问，你见过多少次行业老大能把老二吞并的？所以这又是一个不成功的案例，被风投耍了一把。

经历了这几个案例以后，我感到非常困惑，为什么我们的企业家总是不遗余力、前仆后继地要找风投？我们从这几个案例里面可以看出一些端倪，是不是我们对于所谓的外资、风险投资或者是私募基金寄予了太多的期望？还是我们自己水平太差，根本玩不过人家？在我们还不能完全回答这个问题的时候，又出了一个新的案例，也就是备受大家关注的雷士照明。

这个案例掀起了轩然大波，很多媒体认为吴长江是一个很可怜的人，他也像太子奶的李途纯一样，被一脚踢了出去。从情感的角度，很多媒体指责软银赛富的阎焱是个坏人，甚至后来施耐德的朱海意图控制雷士照明，也是个坏人。你会发现，实际上这也反映了我们中国人不喜欢谈论事实，而喜欢以道德观点来评论案例的本性，以至于这件事最后变成了道德方面的问题，而不是一个经济学的问题了。而我希望把整个事件给各位做一个还原，让大家了解一下这到底是怎么回事，我们应该如何理解雷士照明的这个案例。

第二节　雷士“罗生门”

按照媒体所公布的，这个案子有三个参与方。第一个当然就是雷士照明原来的控股人吴长江，第二个台面人物是软银赛富的阎焱，第三个就是施耐德电器的大中华区总裁朱海，就是这三个人共同创造了“罗生门”。我们知道施耐德只有雷士照明9%的股份，那么它是怎么翻的盘呢？媒体发现软银赛富在里面，恶名昭彰的高盛也在里面，那么它们两个的股份再加上施耐德，股份就够了，看起来似乎就可以让吴长江翻船。但是朋友们，其实我们还忽略了一家神秘的公司，而这家神秘的公司才是真正的重点。

经过仔细研究之后我们发现，实际情况比各位在媒体上看到的要复杂得多得多。我们发现有一个不知名的公司叫做亚盛投资，它和软银赛富、高盛一样，本质都是风投，但它并不是以风投的身份进入雷士照明的，而是以财务顾问的身份。正是这家神秘的公司，把雷士照明、软银赛富、高盛、施耐德串联在一起。那么把它们串联在一起有没有什么好处呢？当然有了。

这里我先交代一下这三个关键人物。吴长江最大的长处是什么？你要晓得，吴长江手下有 36 个一级经销商，这些一级经销商下面还有 3000 多个零售点，所以他对整个渠道的掌控，我相信应该是外资最看重的一点。而软银赛富的阎焱呢？这个人一生所从事的职业就是资本运作，我相信他是这方面的高手。另外就是施耐德电器的大中华区总裁朱海，由于他是在外资企业工作，对于整个企业的管理，我相信是很到位的。

亚盛这家神秘公司在背后运筹帷幄，将这三个各有专长的实体串联在一起，看起来这是桩美好的姻缘，它们应该有一个美好的结局。也就是说，利用吴长江的渠道，阎焱的资本，再加上朱海的管理，三者加在一起应该可以搞成一家非常好的公司，应该取得巨大的成功才是。可是我们仔细分析以后发现，从这家神秘的公司介入开始，雷士照明就误入歧途了。

2006 年，亚盛投资给雷士照明做评估，评估了多少钱？3313 万美金而已。两个月之后，它把阎焱的软银赛富拉进来了，然后评估多少钱？几乎翻了一番，变成 6161 万美金。哪有一家公司在两个月之内价值可以翻一番的，那你当初是怎么评估的？这实在让我感到不可思议。

这还不算奇怪，两年之后，亚盛把高盛也带进来了，不过高盛在这次事件中没有扮演什么重要角色，但是它的位置很重要。为什么？因为两年后亚盛拉高盛进来的时候，雷士的评估价格已经变成 3.94 亿美金了。那么我们暂时以 3.94 亿美金为基础，再次看看这件事就会非常清楚了。你知道亚盛拿了雷士多少股份吗？20%，相当于亚盛以打1折的价格拥有了雷士照明20%的股份，也就是说当时雷士照明的价值被低估了90%，阎焱的软银赛富相当于在雷士照明被低估了80%的情况之下，获得了该公司36%的股份。

亚盛的做法让人感到很困惑，为什么？你要晓得亚盛不是风投，如果是风投的话，赚一笔钱算是追逐利润，我们还可以理解。可是人家是雷士照明的财务顾问公司啊。

你可能不太清楚财务顾问公司究竟是扮演什么角色。我来告诉你，财务顾问公司有两个信托责任：第一，应该帮助雷士照明做一个最好的评估，免得它被贱卖了；第二，应该指导雷士照明可以卖给谁，以什么价钱卖，用什么比例来卖。结果这两个责任亚盛根本没有尽到，反而以低估90%的方式让自己拿到20%的股份，以低估80%的方式让阎焱拿到了36%的股份。在我看来，亚盛这方面做的，说得客气一点，是不符合财务顾问公司的信托责任，说得不客气一点，是非常无耻的行为！

而等到2011年施耐德进入的时候，雷士照明的估值变成多少？18亿美金。

接下来我需要谈谈阎焱这个人。他通过亚盛的介绍进入雷士照明的时候，持股36%对不对？那他总共投了多少钱呢？一共是3200万美金，这个大家一定要记得，据此可以看清楚另一个本质。等到雷士照明上市以后，阎焱把其中5%的股份卖给了施耐德，自己还剩下23%的股份，而就是这区区5%的股份就套现了9400万美金。也就是说阎焱只投资了3200万美金进入雷士照明，然后倒手卖出5%的股份就套回来9400万美金。各位朋友再想一想，那他还剩下23%的股份呢！那等于是白拿的，空手套白狼。我请问你，他怎么能够白拿得到呢？肯定是亚盛当初跟软银赛富共同玩的游戏。就算不是阴谋，也是阳谋。于是后来大家把所有的矛头对准阎焱、对准高盛、对准施耐德，却忽略了那个真正的幕后操盘手——亚盛的毛区健丽。

其实当时我就有一个好奇：阎焱很聪明啊，可是他为什么不在高位套现？为什么不干脆把这23%的股份全部在高位以高价卖给施耐德呢？或者也可以卖给其他国际品牌嘛。软银赛富是资本运作公司，是追求短期利益的，何必持有股份呢？阎炎何必放在自己手上呢？结果我发现，阎焱其实心里有别的想法，他是该卖而不卖，最后把自己给套牢了。为什么会这样？我认为他可能是这么想问题的，他认为如果吴长江能做好自己的工作，公司的管理能够回到正途的话，价值可以更高，他就可以赚更多的钱，所以他选择持有。

然而大家都没有看到雷士照明本身存在一个先天性的问题，这个问题实际上反映了中国企业家的本质。很多人用一些不好的形容词来描述中国企业家，比如野蛮、不规范等，我倒觉得这是我们中国企业家的常态，而且我们中国企业家还有一个通病，那就是几乎大部分的中国企业家都有希望成为世界五百强的病态心理，就是这种心态驱使每一个企业家都想通过外面的资金做大做强，我相信吴长江本人也不例外。所以仔细研究之后，你会发现吴长江的公司，或者说是他本人的所作所为，直接触发了整个雷士照明的危机。各位知道为什么吗？因为吴长江的公司治理本身做得并不是很到位。

我给各位说明一下。雷士照明是一个上市公司，坦白讲，这个公司本身并不是一个真正的制造性企业，它是向两个加工厂购买照明设备的，一家是惠州的工厂，另一家是重庆万州的工厂。这两家工厂是专门负责制造的，而且它们把产品专门卖给雷士照明，并且这两家工厂的所有者正是吴长江。这就是第一个问题，也就是说雷士照明是上市公司，惠州跟万州的工厂是吴长江的，而上市公司只能从吴长江的工厂购买产品，那么它们之间是否存在利益输送的问题呢？我相信对于这一点阎焱也是非常关注的。

第二个问题是，吴长江的雷士照明有36个一级代理商（他们自己称之为运营中心），而这36个一级代理商下面又有3000多家零售店，按照规定，一个地区只能有一家一级代理，那么，这36个代理商则相当于是地方割据的诸侯，下面3000多家零售店只能从所在地唯一的代理商这里拿货，而不能向别家拿货。这36个一级代理商又是些什么人呢？他们基本上都是吴长江的兄弟和哥们儿，所以实际上雷士照明真正能收回来多少货款，完全是下面这36个诸侯说了算。

根据媒体报道，吴长江经常利用上市公司的资金给36个兄弟融资，比如给你4个亿，给他5个亿去开店，开完店之后，又租给雷士照明，循环之后就达到3000多家零售店的规模。各位知道这是什么概念吗？这相当于国美加苏宁两家的店面数量。能够形成如此庞大的零售网太不容易了，所以从这一点来讲，我对吴长江还是比较佩服的。而这3000多个零售店就等于是一个地下雷士，一个真正的雷士，这个雷士又是谁控制的？吴长江。

这个时候我必须得讲，吴长江在渠道控制方面确实有他的水平，但是不规范。首先，你不可以挪用上市公司的资金无息贷款给你的兄弟；其次，这些资金是从哪里来的，是不是你吴长江把上市公司的钱给洗出来了呢？这样一来是不是又违反了上市条例呢？此外，当初吴长江把总部迁到重庆的时候，董事会都不知道这件事，甚至合同都没有看过。这就是为什么最后阎焱对他约法三章，说你可以回董事会，没有问题；回来当董事长，也没有问题。但条件有三个：第一，不能违反上市条例，搞关联交易；第二，不能给36个一级代理商随便挪用公司资金；第三，尊重董事会。

吴长江最专长什么？经销。但是他又搞资本运作，而且还不跟董事会讲，导致他连续被坑两次。

第一次，按照吴长江自己微博所写的，花旗银行的私人理财师建议他买一些自己打折的股票，由于他当时股份只占了不到16%（在经过亚盛投资公司“帮忙”运作后，吴长江的持股比例已经被稀释到不到16%了），加之他又被踢出董事会心里非常不爽，当然希望能够通过多持股份来夺回他自己的控制权。所以当花旗银行的理财师提出可以卖雷士照明的打折股票给他时，吴长江非常痛快地同意了。

这种金融工具叫做累计看涨期权，这是非常复杂的东西，不要说吴长江弄不懂，我觉得我们中国没有几个人弄得懂。你可能会问有没有人玩过？有啊，比如说中信泰斗荣智健，荣智健是荣毅仁的公子，应该够牛了吧，应该懂了吧？他也不懂，巨亏，还差点把公司亏光了。还有国航、东航、上航也玩过类似的品种，最后也都是巨亏。但吴长江就敢玩，结果呢？按照惯例也是巨亏，最终股份也没有增加持成。在这里我还是想给我们的企业家提个醒，不要把玩金融的人看得太简单，因为他们操纵得了市场，而你操纵不了市场，他们可以让价格随意波动，而你就没有办法，所以到最后你一定是输家。可是吴长江输了这一次之后并不服气，他还想再取回控制权，怎么办呢？又找到一个投行。

第二次，不晓得是另外哪家投资公司跟吴长江讲，你可以先把自己的股份抵押给我们，我们给你一笔钱，你可以回购自己的股票，他竟然也相信了。你知道这样做是什么结果吗？我可以解释一下，比如说今天股价3元钱，你有2亿股，那么价值就是3元×2亿股=6亿元。你把股票抵押给投资公司，拿回6亿元。可是你以为你可以再买回2

亿股吗？当然，你确实可以再买回2亿股。问题是股价涨没事，涨到4元钱的时候你抵押2亿股就相当于8亿元，这个投资公司是不会介意的。但是你有没有想过，如果股价跌到2元钱怎么办呢？2元×2亿股=4亿元，你原先抵押的是6亿元，现在只剩下4亿元，这2亿元的差额怎么办？你要补回去的，你怎么补？你有钱吗？你没钱。那怎么补？你只有把买回来的股票再卖掉，可是你晓得这么多股票再卖掉是什么结果？越卖越跌、越跌越卖、越卖越跌……卖得越多就跌得越多。为什么股价能够从4块多跌到2块多，这就是原因之一。经过这两笔资本运作之后，吴长江不但没有大幅度提高自己的持股比例，反而造成了自己的巨额亏损。

我们再来谈谈朱海。朱海心里也打着自己的小九九，他是看上了吴长江的渠道。雷士照明拥有的3000多家经销商，对于朱海来说是相当有吸引力的。如果每一家能够卖30万元货，加在一起就是约10亿元。朱海经过这样一番盘算之后准备押10亿元施耐德的货。当初朱海为了买雷士照明9.2%的股份，还投资了12亿港币，他想三年下来说不定连12亿港元就都赚回来了。可是朱海做梦都没有想到，由于施耐德的产品价格高，根本不好卖，通常只有跟着大型项目走才可能卖出去。最后是靠吴长江亲自出面才押了8.3亿元的货，但是因为不好卖，货款根本收不回来。也就是说这8.3亿是亏了。另外，当时购买雷士照明9.2%股份的时候，是以每股4.42元买入的，经过吴长江前面那两次折腾之后，股价跌到了2元钱，浮亏了6亿元。浮亏的6亿再加上回不来的8.3亿货款一共就是14亿多。在这里我们做了一个媒体没有披露的调研，这个调研很有意思。当时朱海的日子过得尤其难过，因为恰好到他三年考核期了，他这几年压力非常大，肯定是要被问责的，搞不好还要被撤职。所以朱海急了，因此就把张开鹏，他的手下大将调去当 CEO，还调了一个叫做李锐的去搞海外行销，一个叫李新语的跑去抓管理。虽然不像吴长江手里有 36 个弟兄，但朱海手里也是有 3 个人的，他希望派这三个人出去能够拉抬业绩，给自己挣一点面子回来。

现在我们再来看看雷士照明：阎焱，一个最专长资本运作的人由于控股 23%之后不得不当董事长，做他最不专长的管理。吴长江最厉害的是他的渠道，最后搞了资本运作，结果是既亏了钱又被踢出董事会。朱海应该是最专长企业管理的，可是搞了一个不专长的渠道之后，没办法，只有把张开鹏弄去当 CEO。简直是一团乱！

我们在电视上也看到，不论是惠州的工厂还是万州的工厂，又是罢工，又是抗议，又是拉横幅的，后来又是 36 个一级代理商挑战董事会。这又是为什么呢？这主要是朱海引起的，他本来就该好好做企业管理的，结果他动了 36 个一级代理商的奶酪，却没动清楚。当朱海派出张开鹏、李锐和李新语这 3 个兄弟进入雷士照明整治公司的时候，你知道他们是怎么治理的？按照我所理解的施耐德，似乎只有两个办法。第一个办法就是控制成本。如果这么做的话，那是直接损害了吴长江的利益，他肯定要反水的。第二个办法是重新操控经销商。按照施耐德过去的做法，是在一个地方搞两三个经销商，这样做的好处是通过他们之间的相互竞争来压低授信，同时可以及早回款。如果施耐德这么做的话，结果又得罪了 36 个一级代理商。朱海还是太单纯了，他把整顿雷士看得太简单了。也就是说，他想控制成本的时候，得罪了吴长江；他想重新整顿代理商的时候，又得罪了 36 个一级代理商，结果就是吴长江鼓动惠州跟万州工厂的工人罢工抗议，搞得董事会被动得不得了，之后 36 个一级代理商联起手来挑战董事会。到最后就是我们看到的，上演了一出不可想象的雷士照明闹剧。

第三节　如何从三输转变为三赢

外资和风投好搞吗？不好搞，我们有太多企业都失败了。可是我们的内资，像吴长江这样的企业家好搞吗？也不好搞。他们各有各的王国，个个都是英雄好汉，都不好搞。我们仍以雷士照明为例做一总结，一家神秘的投资公司亚盛将吴长江、阎焱和朱海这三者串联在一起，吴长江的渠道，加上阎焱的资本运作，还有朱海的企业管理，本应该是一个三赢的局面。最后却因为吴长江一系列不规范的运作，导致专精渠道的吴长江进入最不专精的资本运作，大亏；最精于资本运作的阎焱最后被迫进入了他最不专业的企业管理，当了一个最不该当的董事长；最专长企业管理的朱海，进入了他最不专精的渠道却搞不定渠道，最后 36 个渠道相互反水，弄得自己灰头土脸。

所以我想通过以上分析，以一个旁观者、一个比较独立的学者的立场奉劝三位，希望你们能够仔细研究这篇文章，并请你们三位仔细思考一下，如何能够从三输回到三赢，怎样做对你们三者才有利，对雷士照明本身有利，对我们国家也有利。大家应该放弃自己的偏见，搞清楚到底什么才是自己真正的专长，如果每一个人都只做自己专长的事，我相信经过一个比较到位的协调，应该可以从三输重新转为三赢。

第十二章

液晶：千亿赌局的局中局

2013 年 1 月 4 日，发改委终于开出第一张反垄断罚单，总金额为 3. 53 亿元，分别是韩国三星 1. 01 亿元、LG 1. 18 亿元，台湾奇美 9441 万元、友达 2189 万元、中华映管 1620 万元、瀚宇彩晶 24 万元，其中友达因率先自首被免去罚款。这到底是怎么回事呢？

这次事件主要是针对液晶面板生产企业。液晶面板在我国彩电行业生产成本中所占比重非常高，可以这么说，液晶面板的市场动态直接影响到我国液晶电视的价格和品牌格局，与我们老百姓的日常消费和中国家电企业息息相关。而三星、LG、奇美等 6 家液晶面板企业从 2001 年开始到 2006 年分别在中国台湾地区和韩国合谋操纵液晶面板价格。这 6 家液晶面板生产企业先后召开 53 次闭门会议，针对全球市场交换液晶面板价格信息，协商液晶面板定价。从 2003 年开始，这几大面板提供商的液晶产品价格涨跌时间、频率和幅度都基本一致，而在此期间，面板占我国彩电行业总成本高达 80%，它们的垄断行为对我国的彩电行业产生了恶劣影响。

发改委的这次动作，让国人尤其是国内彩电企业着实扬眉吐气了一番，不仅追回了 3 亿多罚金，还将液晶面板无偿保修期从 18 个月延长到 36 个月，为国内彩电企业每年节省 3. 95 亿元的服务维修成本。大家觉得发改委好像还不错，能办点儿事儿，实际上这不过是一次搭便车行为。

早在2010年12月，欧盟已经就这一事件对上述6家企业进行了处罚，总金额为6.48亿欧元：其中台湾鸿海旗下的面板厂奇美被罚得最狠，金额为3.06亿欧元，LG 2.15亿欧元，友达1.36亿欧元，中华映管902.5万欧元，瀚宇彩晶810万欧元。而美国从2006年，苹果、戴尔和摩托罗拉三家公司共同起诉液晶面板企业合谋操纵价格开始，在2012年9月21日，先于我国对此案进行了判罚，罚金为12.15亿美元。累计欧盟和美国对液晶面板企业的处罚，台湾友达的罚金最高约7亿美元，LG为6亿美元，而同属韩国的三星电子却在欧洲和美国均被豁免。

这则新闻值得思考的有三点：第一，面板企业内部协商的内容怎么让反垄断部门知道了？第二，日本家电不是都很牛吗？为什么松下、索尼、东芝、日立、夏普连参与操纵市场的份儿都没有？第三，中国家电企业怎么都没参与进来呢？

第一节　反垄断背后，三星做局打压台企，台企做局反咬三星

很多人只是表面上知道美国和欧盟过去曾经处罚过这件事，以为是我们发改委很有水平，看到人家认定了这些企业有操纵市场的行为，所以也跟紧调查，并开出罚单，为我们的企业讨回了公道。而事实并不是这样的，实际上也不是美国和欧盟对韩国和中国台湾的液晶企业不爽，美国和欧盟就没有液晶企业，所以没道理闲着没事儿打击亚洲企业。事实是，三星做局，主动当“污点证人”，借以打压台湾企业。

先回到2001年，当时主流的面板技术主要有两种：液晶面板和等离子面板。当时的日本同时拥有这两种技术，而三星及台湾企业手里只有液晶技术。于是本来是竞争对手的三星与台湾企业，在自身实力弱小的时候，组成“价格联盟”，上演了联手“抗日”的大戏，三星与台资企业的蜜月期是从2001年到2006年，也就是说它们的联合操纵行为发生在这期间，可让我非常不解的是美国的调查时间。美国司法部是在2006年年底才开始的大规模调查，并且美国的企业和州检察官也相当的配合。2006年开始，苹果、戴尔、摩托罗拉等公司起诉面板公司价格垄断，2008年，有三家液晶面板企业向司法部认罪并接受罚款。2009年10月，美国AT&T及旗下子公司控诉LG、友达等公司操纵面板价格。2009年11月，诺基亚再次将8家面板商告上法庭。2010年，美国纽约州、伊利诺伊州、俄勒冈州的检察官对亚洲面板商提出公诉。紧接着，佛罗里达州、阿肯色州、密歇根州、密苏里州、西弗吉尼亚州、威斯康星州等地的检察官也陆续对亚洲的面板商提起公诉。

就算是声势如此浩大，其实也没什么好怕的，只要这6家企业拧成一股绳，也并不好对付。要知道，国际上对于“价格联盟”的调查取证一般都非常困难，除非从内部打开缺口，有“告密者”提供会议上交换价格信息、协商操纵价格的证据。所以，既然欧盟和美国对这种事都能打击得如此精准，那么答案一定是出了内鬼，而这个内鬼就是每次都遭受指控，而每次都被免责的三星！是三星做了内鬼，要不然美国司法部怎么可能第一时间就知道了在海外进行的闭门会议内容？最后美国对三星免罚，可是美国司法部凭着从三星那里掌握的证据却逼迫中华映管三名高管认罪，交6500万罚款并且在美服完刑期9个月，逼迫奇美电子的何昭阳和协理杨柱祥也认罪，进监狱、缴罚金。

何昭阳本来当时都退休了，从来都没到过美国，却要坐飞机去美国服刑14个月。在这些被罚的面板企业中，只有友达是“钉子户”，不肯屈服，在美国将官司进行到底，结果是吃尽了苦头，不仅支付惊人的打官司费用，仍然交了罚款，就连自己公司的三名高管还被美国限制出境。

你再看欧盟公平竞争委员会2011年的裁定，合计处以6.49亿欧元罚款，在当时，全球四大面板商分别是三星、LG、奇美、友达，而除了三星，其他三家的处罚是奇美最重，然后是LG和友达。而市场份额第一的三星仍然被豁免。

到这里，我相信大家已经都看得非常明白了，三星首先在实力较弱的时候，与台湾企业组成联盟，打击另外一种技术。在阴谋得逞之后，再当“叛徒”，反咬台湾企业一口。三星也因此被曾经的盟友鸿海郭台铭痛斥为“抓耙仔”。而伤心到太平洋的友达，率先跟中国发改委坦白，不仅报复了三星，而且得到了免交罚款的宽大政策。

那么现在再看我们的发改委就有点可笑了。

第一，从调查时间上来看，我们的发改委在2006年12月就接到了中国电子视像行业协会和国内彩电企业的举报材料，然而当时的中国却并没有相关法律和执法机构，这些液晶企业根本就不怕我们，因为我们的政府根本就没有办法跟它们动真格。直到2008年《反垄断法》开始施行，我们才有了对付它们的武器，于是这场涉外反垄断的调查历时6年才宣告收官。美国则干脆利落许多，在2年之内就开出了罚单，该罚款就罚款，该限制出境就限制出境，该抓人就抓人，该坐牢就坐牢，毫不含糊。欧盟从调查到判决也仅用了4年多。从罚款金额来看，美国罚金12.15亿美元，欧盟罚款6.48亿欧元，韩国罚款1940亿韩元，而我们开出的罚单只有3.53亿元人民币。

第二，这次调查的成功，并不见得是发改委水平有多么高，正是由于在美国、欧盟和韩国都是三星做污点证人举报台湾企业，而三星的盟友友达经历了美国、欧盟的判决之后决心报复三星，我们的发改委才因此渔翁得利的。

第三，中国彩电企业的水平简直弱爆了。之前，美国的彩电企业积极配合司法部，突然对面板价格垄断进行狂轰滥炸。而中国的彩电企业却集体失语。2008 年初在中国电子视像协会的内部会议上，与会的国内彩电巨头曾针对日韩平板电视巨头在中国市场不计成本的低价倾销，以及面板巨头的联合抬价进行过讨论，当时决定每家彩电企业出 50 万元聘请律师搜集外资品牌倾销和垄断面板价格证据，但此事最后不了了之。2010 年上半年，北京某律师事务所准备以风险代理的方式号召中国电视品牌厂商控诉外资操纵价格时，响应者寥寥无几。我们的彩电企业不反击的背后，难道存在什么隐情？大家都知道，在 2008 年，我国已经成为液晶面板的全球最大采购地。你真的以为这些液晶厂家会因为我们需求多，把我们奉为上帝吗？看看这些面板企业的真实嘴脸：延迟几年向我们提供新产品；给我们的采购价格比给其他日韩企业高 5%~10%，经常随意停止供货甚至拒售。在遭受了这么多委屈和歧视后，我们的彩电企业最终的表现却噤若寒蝉，既不具备在事前跟液晶面板供货巨头谈判的能力，也不敢在事后依靠法律维护自己的利益。

第二节　那些年你所不知道的战争：三星设套，打垮日本

我们再回头了解一下三星与台资企业联盟时期，打击另一阵营的

事情，也非常有意思！三星设套让日本面板没落的手段也非常高明！三星和台湾的企业从2001年到2006年一起合谋，它们谋的是谁呢？其实是韩国的LG和日本的松下、日立等掌握了90%以上的等离子高清技术的五大企业，而三星和台湾企业在当时仅掌握了日本也精通的液晶技术。实际上，我们如果客观比较的话，至少当时来看，等离子比液晶要清楚多了，“等离子电视画面响应速度快，看运动画面无拖尾现象”，“等离子看时间长不伤害眼睛”，而且当时等离子相对于液晶的价格也有一定优势。

为了打垮以日本为主的等离子联盟，三星主导的液晶联盟共提出了两个重要的战略。

首先，三星和索尼合资做液晶面板。由于索尼CRT电视取得的辉煌成就，使其在液晶电视和等离子电视方面的研究远远落后于同时期的夏普、日立等日本企业。2004年索尼电视部门已经严重影响公司获利，于是索尼有了放弃专心研究的CRT电视的想法。此时三星瞅准时机，于2004年4月26日，和索尼在韩国忠清南道牙山市汤井共同成立S-LCD股份公司，使索尼彻底放弃等离子和CRT电视的研发，将索尼拉入液晶电视的阵营。该公司由三星持有51%的股份，索尼持有49%的股份，负责制造第七代液晶面板，提供每月6万片产能，并承诺索尼具有产品优先采购权。

韩国人是非常聪明的，他们不仅把索尼拉入了自己的阵营，而且让索尼为液晶阵营冲锋陷阵。他们给索尼供货非常便宜，当时索尼有60%的面板都来自这家工厂。而索尼通过自身强大的品牌行销能力令Bravia的市场表现非常好，日本人感觉尝到了甜头。然而索尼不知道的是，韩国人在盖了这一个第七代液晶面板工厂的时候，也偷偷地盖了一座一样的工厂，日本人知道的工厂用来供应索尼，而另一个工厂则供应三星自己的产品，养三星自己的品牌。三星又将同样的招数应用于在之后合作的第八代工厂。于是，三星在被索尼慢慢养大之后，将其一举超越，成为市场新的霸主！

其次，三星利用等离子联盟露出的破绽，趁机后来居上。当时，松下、夏普、东芝等日本企业掌握着等离子的先进技术，价格便宜、质量优良、对人体的伤害还小，于是它们便自大地认为，占据了天时地利的日企在竞争中理应更胜一筹，于是等离子联盟拒绝为中国电视企业提供面板。而液晶联盟敏锐地嗅到商机，趁机把中国企业拉入阵营，给中国企业倾销价供货提供液晶面板、允许中国企业推出自己品牌的液晶电视。于是本来平分秋色的平板双雄，在中国却出现了一边倒的情况，大家电企业和消费者都成为了液晶的狂热追随者。

下面的数据正好印证了这个奇特的现象。2006 年 1—6 月，在全球大屏幕电视的市场中，等离子占有市场 47%的份额，而液晶的市场份额大概是 17%。而在中国市场，当年前四个月液晶电视产量同比增长 181. 4%，为 187. 1 万台；而等离子电视的产量同比下滑 16. 1%，仅为 17. 2 万台。所以中国企业一看，我不但可以买到低价的液晶面板，而且可以卖自己品牌的液晶电视，没什么好担心的，中国这些农民企业家就觉得，没必要进军上游嘛，于是乎几乎所有的中国家电厂商都布局了液晶产品线，比如长虹、TCL、海尔等等。但是，一旦中国的企业都做液晶而不是等离子之后，三星期望的目的就达到了。2005 年 40 英寸液晶电视的售价还在 2 万元以上，37 英寸的也在 1. 5 万元以上，而进入 2006 年 7 月份，国内多个品牌的 40 英寸液晶电视暴跌一半还多，售价低于 1 万元。而这个结果早就在三星的意料之中，中国的市场太大了，只有把中国引入局中，才能在短时间产生液晶的规模效益，液晶的价格才能大幅度降低，液晶电视的价格才能有资格跟等离子站在同一起跑线上竞争。

价格跳水的另一个结果是，小尺寸液晶电视的需求迅猛增长，供不应求。如果你是三星老板，这时候你会做出什么反应？好不容易到了价格转折点，你肯定要充分利用规模效益，加大产能，扩大市场份额吧！我跟你讲，所以你没三星的水平。三星的决定是，控制产量，提高价格。

而这个时候，三星终于等来了一举消灭日本人的时机。三星要在胜利即将到来之前，让对手把所有的赌注都押进来，让对手把所有的可能都押在等离子上，然后再推出 LED，发动反垄断战争，一举消灭所有对手。这里有点复杂，我给大家拆开一步步来讲。

第一步，利用上游和下游优势，误导自己的上游对手大规模投资、扩产等离子。三星有下游优势，所以可以让等离子阵营误以为三星也打算投入等离子。2006 年，三星发布的平板电视中，液晶电视和等离子电视数量的比例是 5：1，而到了 2007 年，这个比例变为了 3：1。也就是说，三星正在减产液晶，加大等离子的投产数量。而日本人正是只观察到了三星提供的假象：三星将集中主要精力发展等离子电视。松下、LG、日立等等离子显示面板巨头都接连对外发表增资扩产计划。松下宣布将与日本东丽公司共同出资 1800 亿日元建造月生产能力达 50 万片等离子面板的工厂。LG 电子也宣布将通过扩大生产能力来提高生产规模，计划在 2007 年使生产能力达到 870 万片。

第二步，三星利用上游优势，控制产能，同时根据 6 家液晶面板厂商组成的“价格联盟”，提高液晶价格。日本一看，液晶价格这么高，普通老百姓怎么消费得起，肯定没有等离子的市场前景好；另一方面，三星自己是液晶巨头，都调整方向，大力投入等离子的火热生产中。于是以松下为代表的日本等离子阵营开始扩大产能，松下一口气搞了 5 个等离子生产线，每条生产线造价都在 15 亿美元以上；在中国市场开始扶植长虹，向长虹提供等离子面板。松下打算在 2010 年向全球提供 1100 万片面板，一举占有 40%的份额。于是彻底落入三星陷阱里面的日本人对自己的判断坚信不疑。

有了前面两步的铺垫，三星这第三步走得更是一箭双雕。2006 年，三星举报了自己液晶联盟的队友，在美国和欧盟调查这几年间，液晶价格联盟企业疲于应诉，没有精力也不能再联合操纵价格了，于是，液晶电视的价格雪崩。液晶电视价格大幅下降的直接结果就是，等离子几乎无人问津。2008 年上半年液晶电视的销量为 572 万台，等离子电视销量仅为 81 万台，等离子电视的销量还不到液晶电视的 1/7。

我们再梳理一下，三星这几步走下来后各方的态势。原来技不如人的三星，无论是液晶还是等离子技术都跟日本企业有差距，通过借助中国市场，明修栈道，暗度陈仓，使等离子联盟丧失竞争力。松下、LG，包括我们的四川长虹在内，投入等离子的巨额资金都有去无回，产能过剩，产品成本过高，最后陷入了生产越多亏损越多的尴尬境地。

与三星曾经同一阵营的兄弟索尼呢？同样也被三星收拾了。2009 年，三星拿出杀手锏——有别于传统 LCD 的新一代液晶技术 LED，并且一年之内不向任何人供货，包括索尼也拿不到；即便是传统的 LCD，索尼要货也需要加价 20%，而给中国大陆和台湾地区的企业供货则加价 10%~20%。所以，同为液晶阵营的索尼要向三星支付高价购买液晶。

三星那些价格联盟的台湾盟友们，被出卖，被罚款，官司缠身。三星这个告密者则被豁免。

三星整个计中计完成下来，最终结果是确立了自己的霸主地位。

我们再宏观地审视一下这家公司。2010 年，韩国的经济总量在全世界排行第 15 名，而三星的销售额占了韩国 GDP 的 20%，为韩国的经济立下了汗马功劳。三星在 IT 家电的其他领域几乎全员参与，大家电、小家电、计算机、手机通信、光学，几乎都可以看到三星的身影，这也是其他日企无可比拟的地方。2011 年，三星把盘踞手机市场 14 年的老大诺基亚拽下了神坛；在彩电领域，是全球份额的老大；IT 家电，没有三星不做的，不管是零配件还是组装。三星的手机产业链，从上游、中游到下游，每一个环节，它都有生产，而且是全产业链。和 iPhone 只是控制了上游而已不一样，所以三星能独步天下。

第三节　液晶面板何去何从

面对如此劲敌，中国的彩电企业又是怎样的迎战态度呢？我们的长虹、TCL、京东方都是牛哄哄的，这几年中国有了所谓“高世代”液晶生产线，实现量产之后就改变了中国液晶面板受制于人的局面了！TCL 的李东生牛得不得了，说他 TCL 控股的深圳华星光电占了中国液晶第二，仅次于三星，而号称中国最大液晶企业的国企京东方连年亏损。

中国彩电企业就两种结局，一种是国企，比如京东方、长虹，我劝你们尽早破产关门，对谁都好。另一种是民企，比如 TCL，我劝你别高兴得太早，索尼当年和三星合作一开始日子也挺美的，你们到底成功还是失败，2014 年才见分晓。其实这也是我这里最想告诉大家的，电视这个东西技术路线太多，路线之间随便一个生产线就是百亿豪赌，问题是三星自己就是庄家，和庄家对赌，你的胜率能有多少？

我想说，京东方和长虹这种国企都是奇葩，就是投什么什么失败，投什么什么不赚钱，2005、2006、2008、2010年亏损总额超60亿元。长虹过去搞背投彩电，失败了，然后跟日本人一起搞等离子也失败了，虽然如此，也没追究过哪个领导的责任，还要继续大胆地赌下去。

台湾奇美这是世界第三大液晶企业了，这个企业是1998年成立的，2000年左右才开始投产，可以说和京东方时间都差不多，可是，我们京东方都在忙活什么？京东方十几年来从股市圈了270亿元、从地方政府要了两三百亿元、从银行借了340亿元，最近又抛出来超过600亿的两条8.5代线的宏伟投资计划。京东方的国企老板怎么说呢？陈炎顺上来就说，“资金方面，合肥市政府在8.5代线上投入100亿，重庆市政府在8.5代线上投入108亿。”光2009年京东方就获得政府补贴多达7亿元，同时，鄂尔多斯市政府还将当地10亿吨煤炭探矿权送给了京东方。2011年京东方将这个探矿权出售，获得了几十亿的“收益”。

我们再看看TCL。TCL自我感觉也非常良好。某些部委、某些地方也喜欢将其当做政绩来吹嘘，新华社还给TCL发了个通稿：总投资245亿元的深圳华星光电8.5代液晶面板项目举行“单月十万片满产仪式”，这不仅提高了我国彩电面板的国内自给率，还对我国彩电行业打通上游瓶颈、摆脱核心面板技术受制于人具有积极意义。工信部副部长杨学山说，中国平板显示产业长期“缺芯（芯片）少屏（面板）”，华星光电就成功开发出全球最大的110英寸四倍全高清3D液晶显示屏，表明我国不仅有能力追赶国际先进水平，还有能力抢占发展优势。这是深圳建市以来单笔投资最大的项目，号称已成为内地液晶面板第二大供货商。

面对各厂家如火如荼的造屏运动，我有必要冷静地给各位算笔账。

中国现在除了少数5代、6代液晶面板生产线外，还有三星与

TCL 交叉持股的苏州 7.5 代线项目也已经上马，华星光电于 2012 年 12 月满产的 8.5 代线；龙飞光电昆山、三星苏州和 LG Display 广州等 8.5 代线均在 2012 年开工建设；京东方的重庆和合肥鑫晟等 8.5 代线亦在 2013 年开工建设。

可是我们的液晶面板如此遍地开花，真的使我们摆脱了受制于人的局面吗？在我们的面板产能集中释放的时候，产能过剩问题立马显现。LCD 电视发展到现在，已经进入平稳阶段，新加入的面板厂商只能从已经处于垄断地位的先入者手里争夺市场，并且市场成长也逐步放缓。有统计数据表明，2010 年液晶电视的出货量比 2009 年上升了 31%，而 2011 年韩国两大面板厂合计液晶面板出货量年增长率为 12%，到了 2012 年增长率仅为可怜的 5%，已经呈现衰退的态势，并有机构预测 2013 年两者合计液晶面板出货量更将首度出现-5%的负增长。三星帮助我们建液晶生产线，促使我们加大投资，跟当初迷惑日本等离子阵营的手法如出一辙。

第二个问题是，在该领域我们的企业根本没有话语权。根据 Displaysearch 数据显示，2010 年，LG Display、三星、友达光电和新奇美（包括奇美与群创）四大厂商垄断了超过八成的全球面板出货量。产业的定价、议价、利润、专利及配套的主动权都掌握在别人手中。韩国的企业会培养你成为它们的竞争对手，将来争夺它们的市场份额吗？它们将不遗余力地跟这些中国企业玩到底。三星如果压低面板价格，我想请问我们的企业，你跟不跟进？不跟进，死路一条。你是个新来的，价格又贵，产品又没经过市场检验，消费者凭什么埋单？跟进，撑不住仍然是死路一条。你可能会说，这不是干了杀敌一千自损八百的傻事吗？你以为三星跟我们的企业一样头脑发热吗？三星早就形成了上下游的全产业链，不仅拥有中间产品的先进技术，在下游显示领域同样拥有完整产业链。这样它就具备了很强的自我调节风险的能力，同时为了打击对手，可以使用自己产业链中高利润环节补贴太低利润的环节。而我国几条“高世代”生产线的投资方是多方投资，且各生产线没有协同合作关系，很难形成规模效应，抗风险的能力也很低。

最后，像对付日本企业一样，三星也不是只有这简单的几招。

三星正在研究 5.5 代 OLED 即有机液晶面板，并加大对平板装置、大尺寸超高解析度（UHD）及主动式矩阵有机发光二极体（AMOLED）面板，这三大高获利产品线的投资。LG 正在研究手机的超清屏幕。两大韩系面板厂在平板装置和移动电脑（Mobile PC）面板市场仍稳站优势地位，在两大应用上分别占据了高达 75%和 51%的市场份额。

在我们的企业沾沾自喜于拥有“高世代”液晶面板生产线的时候，韩企已经将自己的运营策略从提高面板产能，转移到聚焦高利润的平板装置面板市场，来创造整体的运营利润了。我们的这种玩法永远跟不上时代。

延伸阅读

三星：不做第一就去死

数年前，当时的韩国三星还只是一个为索尼生产配件的小厂商。那时，一位担任索尼的高级主管曾傲慢地说："在亚洲，索尼没有真正的竞争对手，现在，索尼要做的只是专注于塑造索尼之梦。"或许就是因为大多数索尼人都有这个想法，导致他们盲目轻视对手和市场，不断被成功经验绑住双脚的索尼，给三星的迎头超越提供了充裕的时间。

在今日全球电子业生态中，韩国三星之所以能够快速崛起，并在每个领域都独占鳌头，背后其实有三星强烈求胜的企图心，以及为了求胜而采取不择手段的做法，同时更不会忘记在任何时刻、任何处境，都要想尽办法打击竞争者，逼使其他同业出现巨额亏损，甚至被淘汰出局。

分析三星的竞争手法，可以分成两大部分。对外，三星采取"亲敌理论"及"产能调节理论"，前者是指先与龙头产业合作，采取一边合作，一边取经学习对方的优点，挖出其技术与经营精髓的模式，等自己产业壮大之后，然后再一一回头击败对手；后者则是把外部供应链当成产能调节的机制，一面先让对方配合供应零件，一旦自己可以自主生产后，便把其他供货商抛弃。对内，三星则运用"鲶鱼理论"，要求企业与员工要在变动中求生，营造内部竞争，让员工保持警觉。

所谓的"亲敌理论"，就是三星决定要进入任何一项新产品时，都会与当时最领先的厂商进行策略联盟，学习对方最先进的技术。例如，发展DRAM及闪存时，是与当时最强的东芝与NEC技术合作，液晶技术则与富士通（Fujitsu）、液晶电视则来自索尼（SONY）。

（本文摘选自林宏文、刘祥亚的《三星：不做第一就去死》）

第十三章

食品工业化时代如何应对

牛羊肉接连涨价，被老百姓戏称为“牛魔王”、“羊贵妃”。一夜之间所有的媒体都开始讨论牛羊肉价格上涨，陕西物价局说2012年牛肉价格上涨了27.28%；兰州的统计数据显示牛肉价格一年来上涨了40%；北京这边说，羊肉十来天工夫一斤上涨了4块，牛肉上涨了3块。

其实牛肉价格一直在稳定上涨。从过去三年看，2010年全年牛肉批发价从30.82元/公斤涨到31.96元/公斤；2011年全年，价格上涨超过12%；从2012年开始，牛肉批发价格平均每月上涨1块钱，从1月1日的36.81元/公斤涨到12月30日的47.75元/公斤。而到了今年2月，牛肉价格开始突破50元/公斤的大关。这时候媒体才发现，牛肉价格涨了。这些现象背后的经济学规律是什么呢?

第一节　牛肉即将迎来规模化养殖

长期以来，农民养牛主要是为了耕作而非食用，因而牛肉市场上主要依赖农村千家万户饲养的役牛来满足供给。2000年以前，农村淘汰的老牛和小牛犊占出栏肉牛的90%，能够满足市场牛肉需求。但是，随着农业机械化程度提高、外出打工的经济回报增加，以及新农村改造农民上楼的普及，养牛对于农民来说越来越缺乏吸引力，原本役牛充当肉牛的模式走到了尽头，市场供给开始出现不足。

为了弥补这种短缺，“弑母杀青”（宰杀母牛和小牛）的现象开始增加，但这显然是不可持续的。因为母牛是生产犊牛和架子牛的基础，而后两者是育肥牛（肉牛）的前期阶段。以在四大肉牛产区排名前二的中原地区和东北地区为例，两地合计占全国牛肉产量的60%以上，但这两个地区的活牛存栏量占全国存栏量的比重不到40%。

产区	包含省份	存栏占比（%）	牛肉产量占比（%）
中原	山东、河南、河北、安徽	19.28	34.93
东北	吉林、黑龙江、辽宁、内蒙古	19.13	26.58
西南	四川、重庆、云南、贵州、广西	26.61	13.97
西北	新疆、甘肃、陕西、宁夏	9.61	10.16
合计		74.63	85.64

数据来源：《中国统计年鉴2011》

全国的统计数据则更为清晰。根据农业部的统计资料显示，全国肉牛存栏量从1995年的13205.8万头锐减到2005年的10016.6万头，10年时间减少24.15%，平均每年减少2.4%，而宰杀数却以每年3.9%的幅度增加。而在出栏量方面，从2000年到2010年的十年间，我国活牛的出栏量由3806万头上升到4700万头，出栏率由29.98%上升到43.82%，严重超出25%的世界平均安全出栏水平。因为25%意味着出栏率和自然生长率接近，超过就意味着大量农村耕牛被杀死后就没有新增牛犊，使得牛肉市场的供给变得不可持续，价格上升也就无可避免。

此外，四大优势产区规模化屠宰企业开工率偏低也是供给不足的一个重要表现。以2010年为例，东北地区规模化企业59家，总设计能力为 290.45 万头，实际屠宰 96.267 万头，开工率 33.10%；中原产区规模化企业 107 家，总设计能力为 350.5 万头，实际屠宰 146 万头，开工率 41.67%；西北地区企业总设计能力 121.9 万头，实际屠宰 34.25 万头，开工率 38.10%；西南产区，该区 9 家企业总设计能力 45.2 万头，实际屠宰 8.48 万头，开工率仅为 18.80%，全部低于 50%。

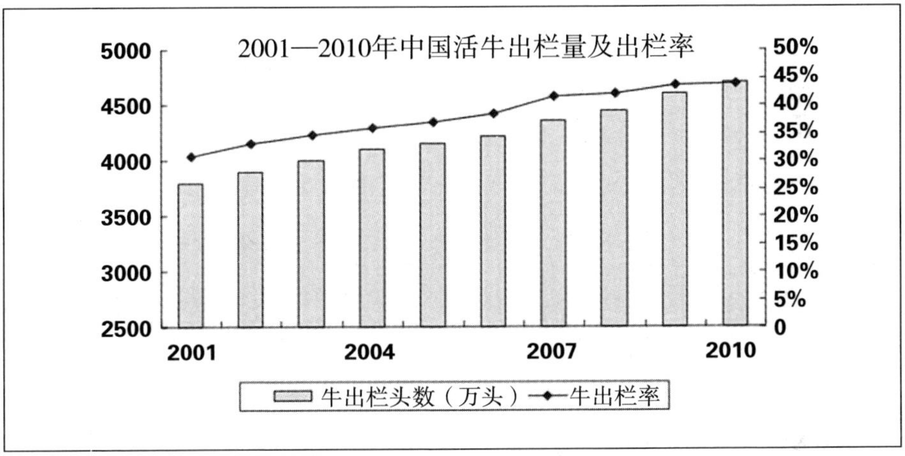

数据来源：农业部《全国肉牛遗传改良计划（2011—2025）》、《中国畜牧业年鉴2010》、《中国统计年鉴2011》

更进一步，中原肉牛带，包括山东、河南、安徽、河北四省产出的牛肉占全国的 40%，市场化程度最高的山东最先无牛可收，现在河南也收不上来牛，开始把陕西、甘肃的牛外运。长途贩运成本上升，于是山东最先出现规模化的牛场。

你很容易问，为什么之前山东无牛可收的时候没人进行规模化养殖呢？因为那时候养殖一定是赔钱的。牛贩子能从河南、安徽收到牛，而且一家一户的养殖，牛的饲养成本几乎是零，草料是自家产，而且没有地租；但是养殖场的草料就要拿钱去买，要租厂房雇工人，所以规模养殖一定是赔钱的。比如以2006年到2010年的数据看，在饲养一头牛的成本中，仔畜成本一般占到50%~60%，剩下的40%~50%则包括了饲料成本和其他投入，如场地、人工等，在2010年这一成本可以达到近2000元。

项目	2006年	2007年	2008年	2009年	2010年
产值（元）	2915.69	4396.31	5418.47	5458.02	6014.92
总成本（元）	2301.07	3171.23	43 13.76	4528.4	4983.38
其中：仔畜成本	1207.54	1852.31	2728.74	2928.3	3146.62
仔畜成本占比	52%	58%	63%	65%	63%
饲料成本	562.74	797.38	1097.22	1179.97	1303.8
饲料成本占比	24.46%	25.14%	25.44%	26.06%	26.16%
净利润（元）	614.62	1225.08	1104.71	929.62	1.031.54
成本利润率	26.71%	38.63%	25.61%	20.53%	20.70%
净利率	21.08%	27.87%	20.39%	17.03%	17.15%

数据来源：《全国农产品成本收益资料汇编》（2007—2011年）

所以到2009年为止，我国的肉牛养殖生产现状依然是以广大农户分散饲养为主，小规模饲养和中等规模育肥场育肥为辅，大规模的饲养育肥几乎没有。根据《中国畜牧业年鉴2010》的数据显示，年出栏1~9头的养殖户高达1327万户，占户数总量的95%以上，而年出栏50头以上的不到1%。但由于个体散养经济效益不高，且役牛功能为机械所替代，这95%养殖户的出栏量非常有限，不到总量的60%。按照山东省2007年饲养育肥牛的情况，当时购买一头架子牛约需6000元。1个农民一年饲养出栏20头育肥牛需要投资12万元左右，净收益在2万元左右，和农民外出打工收益几乎持平，而后者不需要前期投资和承担饲养风险，显然更有吸引力。

年出栏数	养殖户（场）数	养殖户(场)数量占比	年出栏量占比
1~9头	13278414	95.94%	59.09%
10~49头	467596	3.38%	19.49%
50~99头	71900	0.52%	8.80%
100~499头	18281	0.13%	7.31%
500~999头	2679	0.02%	3.09%
1000头以上	749	0.0100	2.23%
合计	13839619	100.00%	100.00%

数据来源：《中国畜牧业年鉴2010》

在这样的背景下，从2009年到2012年，我国肉牛存栏量下跌1000万头，牛肉价格不断升高的情况就不难理解了。现在只有西部欠发达地区农民还有牛，西部地区的牛运到山东、河南去的成本已经很高昂，因而从2011年开始，规模养殖开始有利可图，全国都在上大规模的肉牛养殖项目，2012年新建肉牛养殖场上万家。其中，重庆在建全国最大的肉牛养殖场；青岛在建两个黑牛养殖基地，计划养牛8000头；哈尔滨新建21个规模化养殖场，计划养牛4万头；河南新野县计划养牛2万多头。因为牛的繁殖很慢，一年一胎，不可能一年之内突然增加，现在的养殖项目大约三年后才会显现成效。

规模养殖本身是很正常的市场行为，将来可能变成每个省有几个屠宰基地，养殖则分散在经济效益最高的地方。但是政府补贴往往把事情搞砸了，因为政府总是扶持龙头企业，让它们做大，给它们贷款，等等。这是非常糟糕的，这等于让小养殖户处于非常不公平的竞争状态。

以甘肃康乐县这个养牛大县为例，2012年该县确定提升肉牛产业发展，于是出资奖励，“对当年新建饲养规模达到肉牛存栏1000头以上、年出栏3000头以上的奖励现金50万元；年出栏1500头以上的奖励现金20万元；存栏200头以上、年出栏600头以上的奖励现金10万元”。一般的养牛户，养个十几头的就拿不到各种补贴。这些政策直接导致该县一年内新建、扩建了21个肉牛养殖小区。显然，如果各个地方都采取这种补贴政策，那最终的结果将让小养殖户退出市场，重蹈之前猪肉补贴大企业导致垄断的覆辙。

第二节　猪肉补贴大企业的教训

猪肉市场的正常状态是无数的小养殖户对接政府的定点屠宰场。比如2002年，企业规模拥有自动化屠宰设备的屠宰场约有1900个，小规模、技术含量低、以人手为主的持牌屠宰场约有3万个，占全国的93%。此外，根据最近几年的数据，生猪养殖是以小规模经营为主的，散户（1~49头）出栏量的比重为38.66%，50~499头的比重为29.68%。换言之，二者占到了整个猪肉市场供给的近七成，是整个市场的主体。

2006年以前的猪肉市场一直很稳定，因为猪的养殖周期是一年，价格如果剧烈波动，只需要一年就能供应大量猪肉上市。因为小养殖户对信息把握有一定的滞后性，实际上猪肉的价格波动周期为两年，不会更长。2006年5月猪肉价格开始新一轮上涨，本来这是猪肉周期中正常的一次价格上涨，但是2007年7月的国家补贴生猪生产打乱了这个正常周期，导致农村小规模散养猪一次性消失殆尽，并造成了少数企业的垄断，比如双汇和雨润。为什么呢？

首先，2007年7月起，国务院相继出台的一系列扶持生猪生产的补贴政策（4 年 100 亿元），包括生猪良种补贴、能繁母猪补贴等，主要针对的是大型生猪养殖基地。比如，政策中养殖基地按年出栏 500~999头、1000~1999 头、2000~2999 头和 3000 头以上 4 个档次分别平均补助投资 20 万元、40 万元、60 万元和 80 万元，其实只覆盖了整个市场约 30%的产量，小养殖户被排除在外。

其次，双汇、雨润这些种猪生产商为了拿到更多的补贴，拼命保育母猪。2009 年，大量小猪上市，到了 2010 年上半年猪肉价格跌到谷底，从 1 月的 17.08 元/公斤迅速下跌为 6 月的 14.70 元/公斤。对 6000 个生猪养殖户的监测显示，2010 年 6 月出栏每头生猪亏损 70 元，全国生猪养殖平均亏损面达到 58.23%，亏损严重的地区达到 90%以上。但是，补贴没有真正落到养殖者手中。一方面因为国家补贴要一系列烦琐的手续，小养殖场根本没那个工夫去应付各种手续；另一方面，不少补贴停留在出栏环节，一般的养殖户没有屠宰权，所以补贴全进了双汇们的腰包。

2010 年双汇获得各种补贴 3300 万元，2011 年获得 1.05 亿元。而雨润集团更是在各地拿地建立各种远远超过自己产能的生猪屠宰项目，以骗取国家补助，包括辽宁 5000 亩土地、200 亩闲置三年的安徽太和县 50000 头种猪项目基地和 150 亩安徽萧县 800~1000 头原种猪场项目，最后一项还获得县政府奖励的 1000 万元补助；根据媒体转引的年报显示，从 2005 年在香港上市到 2010 年上半年的五年半时间里，雨润共获得 11 亿港币的政府补助，其中光 2010 年就获得政府补贴 7.13 亿港币。

这种补贴的后果一方面严重打击了小养殖户，另一方面也方便了双汇、雨润等对市场的垄断。2010 年 6 月散户逃离市场后猪肉价格迅速抬升并保持高位运行。2010 年 8 月，猪肉批发价回升到 17.12 元/公斤，之后猪肉逃离了以前的波动周期，开始变得稳定。原因很简单，现在城市的猪肉70%是由双汇、雨润、金锣等几家大的供应商供货。价格稳定对巨头们来说是最有利的，双汇前五大供应商提供了33%的猪肉，虽然所有权不是自己的，但是它完全起到了蓄水池的作用来维持猪肉市场价格稳定。当市场价格过高时，它可以用这33%增加供应，市场价格下跌时，它就推迟上市。所以猪肉价格一直很稳定。

而2011年的“瘦肉精”事件恰恰说明，双汇已经能够控制市场价格。2011年3月15日，“瘦肉精”事件爆发，随后双汇屠宰量、销量下跌30%以上，仅仅3个月过后，2011年6月猪肉价格就开始连续上涨，政府一点儿招都没有。瘦肉精影响过去后，2012年3月肉价才恢复到之前的水平，每公斤22元左右。这个涨价周期是8个月，不符合猪的繁殖规律，就是双汇减少供应造成的。

更需要引起我们注意的是，双汇、雨润的背后是以高盛为首的外资在主导，2004年高盛收购了猪肉下游加工厂雨润集团，2006年高盛以20亿元的价格收购了猪肉下游加工厂河南双汇。搞定了下游再搞定上游，于是高盛在2008年以3亿美元的价格收购了湖南、福建等省的几十个养猪工厂。搞定上下游之后，高盛在2009年又建立了中游的渠道，从而完成了养猪产业链的整合。掌控了整条产业链就大幅降低了成本，从而以最低的成本掌控了猪肉的定价权，这无疑又是一把悬在我们头上的利刃。

第三节　补贴造成垄断，陷入“美国模式”

由上可见，政府这种补贴的结果，就是大的养殖场越大，小的被淘汰，最后形成几个寡头，最终是典型的“美国模式”。

“美国模式”主要包括横向合并与纵向合并两个方面，前者针对的是食品产业链的某个阶段，比如生产、加工或者零售，后者则针对整条产业链进行整合。

根据2001年的数据显示，牛肉、猪肉、大豆、玉米、小麦等加工行业排名前四企业所占的市场份额（Concentration Ratio 4，简称 CR4）全部超过50%，其中牛肉加工高达81%，猪肉加工高达59%。CR4是一个非常重要的指标，因为在经济学家看来，当市场上有4家企业的占有率超过40%的时候，这样的市场就不再具有竞争性，因为这些超大型的企业将有能力影响产品的价格、供货的质量、供应的数量乃至生产的地点。

除了进行横向合并，一些企业还进行了纵向合并。比如 Smithfield 不只在猪肉加工业中排名第一，还染指猪肉生产，而且同样占据头把交椅；在火鸡行业中排名第二的 ConAgra 不只是生产和加工火鸡，更将整合的范围延伸到了包括分销种子、肥料、农药、谷物运输设备和动物饲料生产等。

Concentration ratios of the top agricultural firms，2001

Beef packers（Tyson，ConAgra，Cargill，Farmland）	81%
Corn exports（Cargill-Continental Grain，ADM，Zen Noh）	81%
Soybean crushing（ADM，Cargill，Bunge，AGP）	80%
Soybean exports（Cargill-Continental Grain，ADM，Zen Noh）	65%
Flour milling（ADM，ConAgra，Cargill，GeneraI MiIls）	61%
Terminal grain handling facilities（Cargill，Cenex Harvest States，ADM，General Mills）	60%
Pork packers（Smithfield，Tyson，ConAgra，Cargill）	59%
Broilers（Tyson，Gold Kist，Pilgrim’ s Pride，ConAgra）	50%
Pork production（Smithfield，Premium Standard，Seaboard，Triumph）	46%
Turkeys（Hormel，ConAgra，Cargill，Pilgrim's Pride）	45%

即使不进行这样的直接整合，凭借在食品加工业的高度垄断和对产业链其他阶段的控制，这些巨头也可以轻松实现对处于生产阶段大

量农场的“间接”整合。比如，从20世纪60年代到21世纪初，美国农场的数量从320万个下降到190万个，平均规模上升40%，绝大部分农场只生产一种“商品”，比如肉牛、猪肉或者火鸡，其中许多农庄都是依附于特定的农业集团，一方面向它们供货，一方面从它们那里获得必要的生产资料。

以火鸡加工为例，1950年有上千家企业向农庄提供订货合同，而如今不到40家的企业占据了95%的合同来源，因而拥有强大的议价能力，可以通过压低买入的货物价格，抬高售出的生产资料价格（包括饲料、种鸡等），剥削农民，获得丰厚利润，而这正是所谓的“当我们控制农民的时候，我们就不需要购买农场了”。类似的事情也发生在谷物和蔬菜行业，6家大型跨国企业用技术垄断控制了种子的供应，让农民沦为现代版的“农奴”。

这种行业寡头化的受害者还包括了广大消费者。这些农业巨头除了可以利用对于销售渠道的整合，剥削农庄之后在价格上进一步剥削消费者，也可能利用自己的垄断地位不负责任地供应威胁消费者健康的产品，比如未经充分科学论证的转基因食品。

除了转基因的潜在威胁，有一些实实在在的危害其实正在发生。以猪肉为例，现在美国猪肉生产企业主要就只有四家（Smithfield，Premium Standard，Seaboard，Triumph），它们使用瘦肉精就是合法的。要知道这种药在全世界160多个国家都不允许使用，美国的民间组织三番五次游说美国食品药品管理局（FDA），但是没用，美国仍是法外之地。目前双汇还没有垄断地位，如果政府再搞几次不正当补贴，把其他小养殖场、屠宰场都打垮的话，我们讨论的就不是瘦肉精有多不好，而是你能接受用哪种瘦肉精了。

除了猪肉，再让我们看看经常被国内专家学者奉为规模经营样本的美国牛肉产业。正如刚才说的，美国 81%的牛肉加工由前四大公司掌控（Tyson，ConAgra，Cargill，Farmland）。而有数据显示，30 万~50 万头的大型牛场供应了市场上 75%以上的牛肉。这种大规模集约式饲养的一个后果就是牧场感染性疾病盛行，为了降低可能的经营风险，许多牧场通过滥用抗生素来维持肉牛的“健康”，由此一个必然的后果就是牛肉质量的下降和对人体健康的潜在威胁，比如具有抗药性的细菌将会借由牛肉进入人体，可能使人遭遇感染而无药可救。

另根据美国加州大学伯克利分校新闻系教授波伦著作的《到底要吃什么》显示，从 20 世纪 50 年代到现在，一头牛的饲养周期从过去的 2~3 年缩减到现在的不到 1 年半，因为现在的集中性饲养会在饲养后期大规模为牛喂养玉米饲料，以帮助刚成年的肉牛快速累积肉与脂肪。但这种强调效率的后果其实也是以牺牲肉牛的健康和消费者的安全为代价的，因为有研究显示玉米饲养肉牛可能改变出血性大肠杆菌（O157）在牛胃里的生长情况，而据 2009 年台湾《商业周刊》报道，每年有成千上万的美国人遭到出血性大肠杆菌侵袭，其最大祸首就是带有牛绞肉的汉堡。

在这些大型农业集体垄断的背后，我们可以看到美国政府的身影。还是以肉类行业为例，这些垄断巨头之所以可以不断发展，增加市场占有率，其实离不开美国政府的“间接”补贴。数据显示，从 2000 年到 2004 年的 5 年间，玉米和大豆生产分别平均每年获得政府补贴 45 亿和 20 亿美元，而这些产品分别有 60%和 47%作为饲料用于美国国内畜牧业，所以当这些公司购买低价饲料时，其实间接获得了美国政府的大量补贴，5 年约为 180 亿美元。

有鉴于大规模农业、集团垄断化的种种问题，美国不少有识之士开始呼吁回归以社区为基础的农业（Community-Supported Agriculture），进行农业合作生产，和农庄与消费者直接对接。1998 年，美国南达科他州通过州宪法的修正案，限制公司入侵到农业领域；2004 年生效的美国农场法案（*Farm Bill*）要求生鲜农产品必须标明产地，而有 2/3 的受访消费者表示愿意为购买本地产品付出更高的价格；在芝加哥，人们还动议建立一个地区性的有机食品体系，并减少对于涉农企业（agribusiness）的补助。

第四节　合作社才是农业发展的正确选择

事实上，除了美国以外，几乎所有国家肉牛生产都是以家庭经营为主的合作社模式。日本养殖 10 头以下肉牛的农户占 75%。欧洲 98%的肉牛饲养主体是农户，平均规模 48 头，供应了整个市场 73.7%的牛肉。世界重要的牛肉出口国澳大利亚，家庭农场占 98.5%，供应了 80%的牛肉。这种分散经营不但保持了市场的稳定，还解决了就业。不光是牛肉生产，澳大利亚的整个农业也都是在各种合作社模式下发展的。

但是，农民为什么愿意加入合作社？农户一般都处在农业的中间生产环节，生产既需要向市场采购种子、饲料、化肥、农药乃至农用机械等必要的生产资料，也可能需要短期金融支持和及时的技术指导，而完成生产之后则需要面对销售、加工等产业链下游的问题，因此作为个体直接面对波动的市场具有非常大的风险，并可能因为缺少议价能力而被上下游的大公司所盘剥。加入合作社最大的好处就是可以改变个体农户的弱势地位，让他们团结起来对抗市场风险和垄断性企业，并分享合作社提供的各种公共产品，如技术指导、信息共享、种植计划等。

以德国为例，截至2008年年底，德国拥有各类合作社近3000个，合计销售收入高达445亿欧元，比十年前增加了近20%，包括乳制品业、牛肉猪肉业、葡萄酒业、蔬菜水果业等等。加入者一般按拥有的土地面积一次性向合作社交款，款项主要用于合作社的基本建设，比如建厂房、冷藏室，购买制冷机、运输车等。收获季节来临的时候，合作社会收集会员的农产品，并利用设备对农产品进行分类和包装，然后按之前签订的合同将农产品送往市场或超市进行销售。面对市场需求的变化引发的淡季和旺季，有条件的合作社会将部分产品速冻储存或加工成罐头。而在农闲季节，合作社的工作人员会直接和超市、批发市场联系以了解市场行情，帮助会员制订来年的生产、种植计划。此外，合作社还会对购买种子、播种、储存、销售等工作制订计划，以避免盲目性。因此，德国农业合作社有力地改变了农民的弱势地位，使农民切切实实分享到农产品加工、仓储、运输和销售等各环节的利润，有效地提高了农民的收入。

类似的情况也发生在其他国家，如2003年法国农业合作社在苹果汁、佐餐酒、动物饲料、糖类等市场的占有率达到60%以上；日本80%的农副产品由农协销售，90%以上的农业生产资料由农协提供，农户所需资金的绝大部分也靠农协信用部门提供；荷兰95%的花卉和80%以上的水果、蔬菜是通过合作社分销的，农民收入的60%以上是通过合作社取得的；韩国农协拥有自己的银行，并在全国各地开设超级市场，售卖国产的农产品，保障本土农民的利益。

但是为什么这些合作社能竞争过大公司呢？在西方有一个共识，那就是政府对于合作社的立法和政策支持是合作社发展壮大不可或缺的，因此合作社能从政府获得各种补贴和税收优惠，获得不公平的竞争优势。还是以德国为例，1867年德国制定了第一部合作社法案，并于1889年进行修订，以降低基础合作社建立的门槛。从1896年到1897年，德国普鲁士政府对合作社的仓储设施提供了500万马克的资助，而到了今天，德国联邦政府依然保持积极支持的态度，合作社一般可以获得总投资额25%的政府无偿补贴，政府还会对农村信贷实施贷款利息补贴，以保障农民可以从合作社那里获得低于市场价格的优惠贷款。

在政府的支持下，合作社的规模不断壮大，如德国排名第一的蔬菜、水果、花草合作社Landgard，2008年的销售收入高达12亿欧元。但它们并不算是公司，因为这些联合组织一般不从事经营活动，只为成员社提供服务，经费来源于会员的分摊。

但是，政府又有什么样的动机去支持合作社呢？首先，合作社代表农民的利益，更重要的是，谁补贴农民谁就能获得他们所有人的选票。以日本为例，在日本曾经长期执政的自民党一直用优惠政策和资金，来扶持几乎覆盖所有日本农民的农业合作组织Nokyo，而后者为农民提供了从生产资料购买、农业信贷、住屋维护、超市配售甚至丧葬等全方位的服务，因而农村地区一直是自民党的大票仓。其次，从国家层面看，分散经营让农产品供给非常稳定，并保证市场竞争，以杜绝垄断，而农协系统的存在也有利于政府农业政策的贯彻实施。

因此，我强烈呼吁政府，利用自己从中央到基层的庞大的行政资源和信息网络，大力支持地方以农户为基础的农业合作社，而不是一味补贴大企业，造成市场垄断和小农户消亡的糟糕后果。

第十四章

服装行业还能突围吗

6 月底，LV、Gucci、爱马仕等一线奢侈品发布了 2013 年一季度的财报，结果我们发现这些奢侈品普遍增长放缓，甚至是零增长。LV 集团一季度时尚服装和皮具的销售额增长 0.4%，爱马仕也创下 2008 年以来最低增幅，这其中的主要原因就是中国区销量开始大幅放缓。尽管这些奢侈品品牌没有把中国单独列出来披露，但都提到了中国的增幅放缓。媒体的消息也是铺天盖地，从来不打折的 Dior、Gucci 终于放下身段开始促销，这还算好的。今年 4 月，上海外滩的乔治阿玛尼旗舰店停业，Dolce & Gabbana 旗舰店停业，百达翡丽、宝诗龙等顶级品牌相继撤出。世界奢侈品协会最新的报告显示，2013 年 1 月 20 日至 2 月 20 日，内地奢侈品消费总额为 8.3 亿美元，比 2012 年春节期间销售下跌近 53%。

过去中国的服装行业呈现明显的“M”型，刚刚我们提到这些超高端品牌一直是两位数的增长，现在不行了。中端服装如李宁、安踏、361 度、美邦、森马等也愈发困难，都被高库存压得喘不过气来。反而是那些超低端的网店，以及廉价时尚的 ZARA、H&M、优衣库等在不断成长，这就是我们服装行业面临的基本情况。

第一节　不要幻想能做阿玛尼、普拉达这样的一线品牌

2012年以前，我们的高端奢侈品服装一直卖得很好，直到2012年下半年情况才开始越来越糟。2011年PRADA在大中华地区市场销售增长率53.7%，总体利润上升了72%。2012年一季度，销售额再次上升48%，利润上升了112%。阿玛尼也毫不示弱，2011年全球销量增幅13%，但是在华销售额增长45%，鉴于中国的高增长率，阿玛尼于2012年6月宣布三年内在中国新增100家店，估计看到2013年的情况也会不了了之。

虽然这个市场看上去非常诱人，随便一件衣服就成千上万，但是我劝我们的企业家趁早放弃，因为很多中国人接受不了中国造的奢侈品。比如，杰尼亚西服，意大利的顶级品牌，查尔斯王子、克林顿等政要都是它的客户。杰尼亚总裁感慨："中国人不能接受中国制造！"中国产的杰尼亚在中国市场的接受程度竟然比欧美市场还要低，顾客买西服一看是中国制造就放弃了，一定要几十万人民币一套，意大利的设计师飞过来给他量体裁制才好卖。我相信雅戈尔能够生产出质量不比阿玛尼差的服装，而且它也直接给这些顶级品牌代工，但是一模一样的东西贴自己的牌子就是卖不到那个价钱，奢侈品牌的建设不是一朝一夕能搞定的。

很多奢侈品牌开始变得很聪明，比如鞋子，它们会把最烦琐的鞋面加工放在中国，等做好后运到意大利，然后加上鞋跟，贴上"Made in Italy"再卖到中国。皮包也类似，在中国完成包身后运到法国安装一个提手就贴上"Made in France"。按照规定，这些准半成品从中国

出口必须打上中国制造的标签，它们就在里面一些极其隐蔽的地方打上中国制造的小字，不把包或鞋子拆了根本看不到，但是“Made in Italy”和“Made in France”就会贴在非常明显的地方。我们中国服装企业就别幻想这个市场了，这是我们自己老百姓的选择！再加上今年以来一线品牌遭遇寒流，它们又开始降价、打折。你可以想象一下，如果阿玛尼西服打折后和雅戈尔的高端产品卖同样的价钱，你会选择雅戈尔还是阿玛尼。甚至同样品质，阿玛尼比雅戈尔贵50%大家都是抢着要的。这也是为什么美邦推出的新品牌 ME & CITY 以失败告终，波司登推出新的女装品牌瑞琦以失败收场，波司登的男装新品牌 Homme 同样失败。

第二节　中端产品竞争激烈、苦不堪言

我们的服装市场中端扎堆，严重的同质化竞争，结果就是目前这样，大家存很多货卖不出去，半死不活。

2011 年底七匹狼存货同比上升 63%，报喜鸟存货上升 42%，九牧王存货上升 62%，李宁存货上升 41%，安踏存货上升 36%。84 家纺织服装类上市公司库存累计 708 亿，同比增长了 25%。部分企业利润也开始大幅下滑，李宁 2011 年净利润下跌 64%。进入 2012 年情况也没有明显好转，杉杉净利润下滑 7%，森马净利润下滑 13%，雅戈尔净利润下滑 20%，美邦服饰净利润下滑 30%，红豆净利润下滑 45%。全行业约 50%的企业利润同比都在继续下降。

偶尔也有突破重围找到一个新的增长点的，但是很快就被同行杀入，大家再次争得头破血流。森马服饰是众多国产服装品牌中很普通的一个，也面临着成本不断升高的压力。可是它做对了一件事，让它

的业绩和别人大不相同。它利用已有渠道，推出了第一个遍布一二三线城市，有3300多家门店的童装品牌——巴拉巴拉。2011年童装直营店年销售收入增长率在80%以上，而且店铺还在不断扩张。童装高增长不是因为管理能力提升、衣服质量多好，而是这是一个专做童装的全国连锁品牌，找到了这个市场的空白。目前其他服装品牌看到童装如此赚钱，也都准备进入，比如美特斯邦威也计划开展童装业务，它在全国也有2000多家门店，这个市场很快将再次陷入混战。

第三节　我们企业的希望在广大低端市场

低端市场整体很好，主要表现在网购服装和以ZARA为代表的廉价时装很火。京东商城2011年服装销售额12亿，同比上升411%，2012年上半年服装城上线，销售额同比增长800%。淘宝商城占据网络销售的一半以上，2012年上半年服装销售额同比上涨200%，本来预计全年服装类将实现600亿的销售额，实际上却达到700亿，增长效果令所有人惊讶。以ZARA为代表的廉价时尚品牌经营得也非常好，10年来销售额平均年增长23.7%，在中国从2008年的27家店铺发展到如今的132家，而且还在不断扩张中。

纯粹靠廉价劳动力做代工已经行不通了。举个例子，纺织业最重要的原材料是棉花，目前我们国内纺织企业承担的棉花价格已经比国际同行高50%。政府为了保护农民的种棉积极性，规定如果市场上棉花价格连续5天低于20400元/吨，新棉集团（国企）就会开始按照这个价格敞开收购，所以国内棉价基本维持在20000元/吨。可是目前国际棉价已经跌到13000多元/吨，进口加税以后也就是15500元/吨。由于国家一直进行配额管理，民营企业基本拿不到配额，只能使用

20000元/吨的棉花，根本竞争不过东南亚国家，只能限产停产。2011年中期因为棉价从31000元/吨下跌到19000元/吨，中小纺织企业因为高价拿货导致成本升高，结果倒闭了一半，目前又有20%停产。

人工、水电、物流成本都在升高。从工资上也能看出来，目前国内纺织企业员工的月平均工资为1500~2500元，而孟加拉国工人工资折合人民币仅为650元，越南、印度等地也类似，劳动力成本仅为我们国内的1/5。从2010年底开始，NIKE的最大生产基地就已经不再是中国，而是越南。2010年优衣库的衣服中70%~80%是中国产，到今年底将只有50%在中国生产，其他的开始转移到孟加拉、印度尼西亚等国家。就连ZARA和H&M的衣服也开始抛弃中国，转向印度、摩洛哥、孟加拉等地。很多专家把外贸企业经营困难的原因归结为金融危机、欧元危机等，这只是表面原因，事实上这是必然要面临的情况。依靠廉价劳动力的纺织服装业首先从美国转移到日本，20世纪60年代转移到四小龙，80年代全部转移到中国，现在已经开始转移到越南、孟加拉、印度等国，以后还要转移到非洲，这是产业规律。

面向国内低端市场也不是简单的低价就可以的。我们都知道网上销售的门槛很低，一台电脑，去淘宝注册个账户，就等于成立网店了，而且大家的价格都很低，所以价格不是决定因素。我们的企业家总会想到，请明星代言，扩大知名度。事实证明这也不是本质。比如凡客，它好像是目前网店上唯一请大明星的，而且还是在青年中很有号召力的韩寒和王珞丹。结果凡客有知名度了，衣服也很便宜，一件T恤29元，一件衬衫70元，质量也不差，结果凡客却亏得最惨。去年IPO的文件信息显示，2011年三季度末凡客的库存已经达到14.45亿，亏损了7亿，IPO也因此被搁浅。

做小众市场要有明确的目标人群，有文化内涵。国家主席习近平与夫人彭丽媛外访后的首个交易日，国内服装业股价出现整体上扬。其中本土高端女装品牌朗姿股份涨停。其实彭丽媛穿的既不是国际奢侈大牌，也不是国内的朗姿，而是在国内文化艺术圈子里流行的小众品牌——“例外”和“无用”。“例外”是设计师毛继鸿和马可在1996年联合创立的；“无用”是他们离婚后，马可创立的新品牌。创办“例外”的毛继鸿与马可属于一拨生于20世纪60年代末的设计群体，曾被视为中国时装设计鹊起的发轫力量。这批设计师普遍具有文艺情怀，其中又以“例外”和王一扬的“素然”在商业上最为成功，他们的品牌最终在全国范围内进驻商场，是价格保持在几千元以内的“主流大众生意”，只是在文化、艺术及创意这样的小圈子中更流行。

“速写”男装做得算是不错的，目标客户是文艺青年。用速写销售总监的话说，他们主要面对25~30岁的“闷骚男”，衣服非常符合他们的风格，颜色简单，风格别致，放到人群中一眼就能看出来。价格确实比市场上的大众产品贵，比ZARA还要贵50%，但这不影响它很好地生存。

做大众市场要时尚、低价。先说几家在淘宝上非常火爆的服装品牌，比如韩都衣舍、裂帛、七格格等。我就挑韩都衣舍来说，为什么它能卖得这么好？第一是便宜，而且主要针对爱美的小女生。衣服价格非常低，T恤50元，裙子100元，基本没有200元以上的。就是这样的小女生市场增速惊人，2008年成立时销售额130万，2009年1280万，2010年9000万，2011年3亿，2012年大概6个亿。只便宜是不够的，很多店铺都比它便宜。它还能做到别人没有的时尚，其实很简单，全方位模仿韩国的服装设计。韩都衣舍目前有100多个设计师，这些设计师每天盯着韩国的时尚杂志、服装网站、时装秀甚至电视剧，只要有新款他们立马模仿，在国内下单生产。

靠速度赢得市场。其实模仿这种工作谁都能做，为什么韩都衣舍却能脱颖而出呢？速度是时尚的关键所在。韩都衣舍现在每天能够推出60个新款，这是很惊人的，因为ZARA平均下来也才32款。每天60款库存就是个大问题，可是韩都衣舍竟然没有库存问题，这绝对是奇迹。原因在于韩都衣舍的单元式生产，这100多个设计师每人带领一个团队，衣服设计出来后还要负责定价、给工厂下单以及销售，他们的业绩和库存周转率直接挂钩。衣服从设计到上架10天左右，因为设计师们接地气，每天都能看到自己的销量，所以对产品库存的把握都很准确，而且会根据销量设计出新款衣服，100多个设计团队各自负责库存，结果是解决了服装行业一个最大的问题。

有了快速和低价，解决了库存难题，韩都衣舍营业额从2008年的130万发展到2012年的6亿。

ZARA毫无疑问是服装行业的奇迹，不但时尚、低价，而且能开在北京王府井、西单这些闹市区最好的位置。一件衬衫200~300块，一件T恤100多块，而同一个商场里国产品牌的衬衫却要四五百，甚至1000多块。日本有类似的品牌优衣库，美国有GAP，瑞典有H&M，我现在还没有看到我们国内有任何一家实体企业在走这一条路。

我们就看ZARA是如何成功的，能给我们企业哪些借鉴。

第一，ZARA能吸引全世界的时尚因子。目前中国一流的实体服装企业每年能推出三四千个新款，这已经非常了不起了。但是ZARA每年设计约5万个，经过筛选后能面对消费者的有12000多个，平均一个礼拜就有230个新款到达店铺。ZARA的400多名设计师每天乘坐飞机穿梭于全球各种时装发布会。一些顶级品牌的服装刚刚摆上柜台，ZARA就会发布和它们非常类似的服装。而且会根据零售店反馈的补货数据判断哪类服装流行，根据流行趋势改进设计，并迅速推向市场。

第二，ZARA 设计独一无二的垂直产业链保证生产速度。衣服从设计到全世界店铺上架平均需要 12 天，最短的是 7 天，就连做网店的都没这么快的速度。表面上 ZARA 并不拥有劳动密集型的大厂，实际上 ZARA 共有 260 多家稳定的原材料供应商，保障了稳定、低价。同时拥有 20 多家大型工厂，这些大型工厂只做染色以及裁剪。比如今年流行紫色，它们就把布料染成紫色，然后是裁剪。在自己的 20 个大型工厂周围 200 英里有 500 间小工厂负责大量烦琐的缝制工作，而且一个工厂只生产一个款式，保证专业化的水平。为了用最快的速度把裁剪好的布料送到小工厂，ZARA 把方圆 200 英里的地下生产基地全部挖空，架设地下传送带网络。每天根据新订单，把最时兴的布料准时送达终端厂。成品服装在欧洲用卡车两天内可以保证到达，而对于美国和日本市场，ZARA 甚至不惜成本采用空运以提高速度。

第三，ZARA 用快速保证低价。服装行业最害怕的就是库存，而 ZARA 基本上是零库存运作，款多量少，库存周转率是每年 12 次，这意味着只要一件衣服进店，1 个月之内肯定没了，而国内一流服装企业需要 4 个月。所以在同一个地方开店，ZARA 的成本是别人的 1/4，一件衬衫别人卖 400 元才能盈利，ZARA 卖 100 元就可以了。

第四，ZARA 在闹市区租金最贵的地段设专卖店。巴黎香榭丽舍大街、纽约第五大道、伦敦摄政街等全球租金最贵的地方都能见到 ZARA 的专卖店，给足顾客面子。有了时尚和低价，消费者对 ZARA 的顾客忠诚度非常高，即使陷入产品质量问题仍销量不减。2011 年 ZARA 因为质量问题 5 次检测不合格，比如凉鞋不合格、棉衣含绒量虚假标注、掉色、耐酸碱性不合格等，但是消费者依然继续埋单没有受到丝毫影响。为什么，因为大家知道 ZARA 不是以质量取胜，反正我就穿一季。况且被检测的衣服将近一半都不合格，我去买其他的牌子不见得就更好。

有了时尚、低价和顾客的忠诚，想不赚钱都难。ZARA 在中国门店数量从 2008 年的 27 家增长到现在的 130 多家，而且还将继续进军二三线城市。ZARA 集团 2011 年毛利润率 59%，2008、2009 年金融危机期间也保持着 57%的毛利润率，10 年来销售额平均年增长 23.7%。我们国内服装企业，在同一个商场内单价比 ZARA 贵三四倍，毛利润率却仅能保持在 40%左右。

延伸阅读

佳能单元式生产系统

一言以蔽之，单元式生产方式就是“自律分散型的生产方式”。在传送带方式下，所有的操作人员在一条制造生产线上，共同制造同一种产品。与之相反，单元式生产方式中，每个操作者在独立的制造生产线上操作，而众多的被称为“单元”的生产线同时地进行工作。不过，它们可不是各行其是，如一盘散沙般工作。在各个“单元”中，每个操作者分别进行组装，可这些操作者的思想必须是统一的。

这里就体现出意识改革的重要性了。在各个车间中，方针、目标、规则等方向性的政策都是划一的，为了让大家的目标一致，我们下了很大的工夫。结出硕果的

单元式生产方式使全体操作者自律地劳动。即使工作是各有分工的，可是在根本上，意识却是统一的。也就是说，这是一种“自律分散型的生产方式”。它的观念和“Holonomic”经营（追求个体和整体有机和谐的经营）非常相近。我在20年前和相关研究者一起，对如何在公司中实现自律分散的观念进行过思考。“Holonomic”经营的“个体和整体的统一”与思想统一后的分散型生产方式在根本上是相通的。

通俗一点说，自律分散型生产方式意为员工不是根据上面的命令进行劳动，而是经过思考后自发劳动。这种组织状态发挥出了高度的机动性。所有人工作有统一的方向，没有朝着不同方向前行的人。

本文摘选自酒卷久的《佳能单元式生产系统》

第十五章

金融改革大幕拉开

国家管得太多，实际上是在替这个行业的利益既得者背黑锅。结果导致：银行业不对民营资本开放，银行利率由国家管制；股市就是一个圈钱市，2001 年就达到了 2200 多点，现在还在 2000 点左右徘徊；债券市场也不健全，只有大国企有发债的机会，中小民营企业只能借道民间借贷……凡此种种，已经彻底禁锢了中国经济的健康发展，导致老百姓对股市没信心，影子银行盛行，资金成本高企，民间借贷猖獗，实体经济濒临崩溃，已经到了不改不行的地步。

第一节　银行对实体经济的支持不足，风险剧增

制造业危机，银行睁一只眼闭一只眼！工农中建四大行 2012 年制造业贷款总额 5.5 万亿，占总贷款的 22%。但是，制造业不良贷款 1077 亿，占不良贷款总额的 36%。长三角地区已成为 2012 年不良贷款的“重灾区”。以农行和建行为例，农行长三角地区不良贷款余额达到 197.34 亿元，占到不良贷款总额的 23%，不良率由上年的 0.98% 升至 1.19%；建行长三角地区不良贷款额更是占到不良贷款总额的 44.1%，不良率由 1.31%升至 1.97%。

民企危机早已出现，不过现在才在银行身上体现出来。2012 年 7

月，杭州地区有600家知名民营企业联名上书浙江省政府紧急求助，恳请政府帮助它们渡过因银行催贷、抽贷而面临的难关。其中不乏行业龙头、知名企业和中国民企五百强企业，如国内输配电行业最强企业之一的虎牌集团、家具行业龙头嘉逸集团、国内人造板行业的领军企业荣事集团等。

2012年10月以来，温州第二轮金融危机正在酝酿，民企互相担保危机开始出现。举例：庄吉集团因中国建设银行2000万元贷款到期不续贷，导致各银行大规模抽贷，本来庄吉集团总共欠银行17亿多元，而庄吉集团总资产有24亿元，并非资不抵债，可是银行已经风声鹤唳，纷纷拒绝贷款。目前，庄吉集团与其他5家企业互相担保贷款十几亿元，而这5家企业与其他企业还有更多的互保关系，涉及的银行贷款有四五十亿元。如果再加上下一层的互相担保企业，总数将达到89家，它们总共欠银行贷款300多亿元。杭州家具行业也存在互相担保现象，连环涉及企业100多家，金额超过100亿，现在已经开始有企业破产清算。

表外风险剧增，银行亲手埋下定时炸弹。如果说一家银行发现保障房贷款风险太高了，怎么办呢？举一个建设银行在长春做保障房的例子，投资的项目叫新华信托·时代富通棚改基金一号，建行吉林分行为此发行的理财产品是“乾元”保障房棚改类I期人民币理财产品等。第一步，它找到一个信托公司，这个信托公司成立一个信托基金。第二步，银行发售理财产品，说这个是保本浮动收益，估计收益率10%。第三步，发售理财产品取得的收入打入这个信托基金。第四步，信托基金给保障房开发商放款，用来开发二期项目。第五步，开发商收到款以后，就把过去欠银行的一期项目贷款还清。

为什么说是在掩盖风险呢？因为过去五类贷款情况下银行能清楚

看到借贷公司的资产负债表，所以我们也能清楚地分析银行的风险。现在呢，银行表面上一点风险也没有，实际上银行发售理财产品的时候承诺了保本，所以一旦出了问题，这个和银行贷款带来的风险没有什么差别。

大家知道类似这种理财产品规模扩张有多快吗？2012 年全年各种理财产品 7.56 万亿，涨 41.1%。2013 年 1—2 月银行理财产品从 2012 年的 5697 亿增长到 19158 亿，上升了 360%，其中信托产品上升了 510%，从 769 亿到 3924 亿。

除了转移风险，银行另一个大问题是流动性不足。一方面，地方政府推动的“铁公基”贷款占用大量资本，表面上看它们一直在借新还旧，实际上不过是走了一下手续，根本没有钱回流银行。最明显的表现就是各银行都在疯狂揽储。以前不过是城商行等小银行喜欢这么干，现在兴业、平安、广发，甚至交通银行这些全国性股份制商业银行的部分分支机构，都在一季度结束前，将中长期存款利率“上调 10%，一浮到顶”。浙江金华银行公然通过投资公司高息揽储，它们在银行存款利息基础上加价：10 万～49 万元贴息 2.0%～2.5%；50 万～99 万元贴息 2.5%～3.0%；100 万～200 万元贴息 3.0%以上，而 200 万元以上则可议价。要知道，美国雷曼兄弟之所以倒闭，重要原因之一是没有得到美国财政部和美联储的救助，当时雷曼兄弟并没有出现资不抵债，只是由于市场流动性枯竭无法偿还到期债务，所以现金流断裂因此破产。

商业银行面临流动性危机，但是央行却在担心流动性过剩导致的通货膨胀。央行行长周小川 3 月 4 日说，春节后会收紧流动性；副行长易纲 3 月 6 日说，央行可以使用回购协议和央票来收回过多的流动性，以确保物价稳定。为什么会出现这种奇观呢？因为央行传统的调控工具“存贷比”已经控制不了货币供应了，表外信贷、影子银行疯狂扩张让央行的调控大打折扣，所以就出现怪现象，央行要收缩流动性就要严格限制商业银行表内业务，限制越严格表内贷款外流的速度越快，通胀就更加不受控制。

M2 余额 2008 年年底为 47.52 万亿，2012 年年底 97.42 万亿，平均增速 19.7%；表外信贷 2008 年年底为 2.08 万亿，2012 年年底为 7.56 万亿，平均增速是 38%。远高于 GDP 的同期增速。

银行做账，问题重重，引而不发。我们贷款一共分五级，分别是正常、关注、次级、可疑和损失，后三级也就是不良贷款，但是，我们对到期不还的贷款，应该有多少划为不良贷款没有什么严格的监管标准。所以，很多时候，比如地方政府贷款到期了还不起怎么办，干脆就欠在那里，当然了，过几个月等地方政府又在哪个银行找到一笔新贷款，就把原来欠着的还上了。所以，我们银行财报出现一种前所未有的情况，就是把拖欠不还的贷款放到关注类，而不是计入次级，这样就看不出来有不良贷款。结果，作为银行抗风险指标的拨备覆盖率奇高无比，实际上根本不可信。比如，拨备覆盖率前三甲的银行其实都有一堆问题，第一位是浦发银行 399.85%，其次分别是招商银行 351.79%和光大银行 339.63%。

2012 年招商银行财报显示，逾期贷款 214 亿元，比上年末增加 78 亿元，同期不良贷款增加了 25 亿元。换句话说，逾期不还的贷款只有 1/3 被认定是不良贷款。这个其实是中国银行业普遍存在的问题，五大行 2012 年新增逾期贷款 590 亿，只有 18.5%被当成了不良贷款。如果把新增逾期贷款计入不良贷款，招行的利润将只增长 10.8%，而不是 25.5%，五大行的利润将增长 7.7%，而不是现在的 14.9%。这么来看似乎不良贷款也不是那么严重，为什么呢？因为我们的银行非常聪明，它们把高风险贷款从表内转移到表外去了。

2012年9月12日达沃斯论坛上，原中国银行董事长肖刚说未来5年最大的金融风险就是中国的“影子银行”体系。因为目前银行发行的“资金池”运作的理财产品本质上是“庞氏骗局”。因为大多数的理财产品期限不足一年，2/3不足3个月，大量短期融资被投入长期项目，一旦面临资金周转的问题，一个简单方法就是通过新发行的理财产品来偿还到期产品，当资金链断裂，这种击鼓传花就没法继续下去。

第二节　市场已经抛弃银行，但如何改革没有定论

市场对银行的不信任。2012年6月银行股历史上首次破净，直接原因是对政府投资的不信任。1—5月，固定资产投资增速同比下滑5.7%；规模以上工业增加值增速同比下滑3.3%；全国房地产开发投资增速同比下滑16.1%。5月份用电量同比增长2.7%，是17个月来最低增速；5月社会零售品总额增长13.8%，是2006年11月以来最低增幅。铁道部货运部门也表示，5月份以来，煤炭、冶炼等大宗商品装车增速下滑，大宗商品增速下滑在铁路上表现出来，只有2008年出现过。这些数据都显示出，经济在下滑。6月1日，交通银行首先跌破净资产，成为A股历史上首只跌破净资产的银行股。随后，6月4日华夏银行下跌2.75%，进入破净股行列。平静了三天后，央行宣布6月8日起下调金融机构存贷款利率，深发展、浦发当天破净，其他银行也都处于破净的边缘，6月8日收盘16只银行股平均市净率仅1.14倍。在2005年上证综指998点时，银行板块平均市净率为2.06倍；而在2008年上证综指1664点时，银行板块的平均市净率也达到

了1.7倍。

整个基础建设已经超前，机场亏损、钢铁过剩、风电浪费，但是它们都仍在加快建设。截至2011年底，我国共有180个机场，其中亏损的有135个，占75%。一年合计亏损额约20亿。目前长三角地区的机场密度已经超过美国，长三角地区机场密度每一万平方公里0.8个，而全球最大的民航市场美国仅为0.6。但是，民航局长李家祥依然要继续建，他5月23日说，未来五年还将新建机场70个，改建101个，预计投资5000亿。今年以来，发改委已经批准了600多亿机场建设项目，这些新建的机场都将面临亏损。

中国钢铁协会称，目前钢铁业产能超过9亿吨，而去年消费量仅不足7亿吨，目前还有1亿吨在建项目。发改委5月25日批准的广西防城港、广东湛江、首钢项目年产钢2730万吨。而且这些都不是什么高新技术炼钢法，现在都成了烂尾工程。

除了机场和钢铁等传统项目，还有新能源发电，目前蒙西大量的风电输不出去，国家电网以种种理由拒绝让蒙西风电接入。可是2012年以来，发改委竟然批准了281个风电项目，请问你如何能保证这些电都能上网，不会像蒙西风电那样大量浪费。这些项目的背后都需要银行的配套资金，所以银行股从2012年5月开始就已经跌跌不休了，当时我的警告没人听，直到6月1日交通银行股票跌破净资产才引起大家关注。

改革困难重重。第一，银行自身是改革最大的阻力。前不久，在央行与银行业高管的一个座谈会上，央行货币政策司负责人提问：利率市场化若推进，银行能否承受？结果无论大小银行均表示强烈反对。银行的经济学家利用各种渠道反对市场化，理由无非是：地方政府的融资平台会承受不了、房地产市场会承受不了。其实归根结底是银行害怕竞争、不愿意放弃眼前这种坐地生财的门路。

第二，银监会已经被银行绑架，指望它改革不可能。国务院 2010 年 5 月出台《国务院关于鼓励和引导民间投资健康发展的若干意见》，也被称为新 36 条，市场原以为民资进入金融行业的大门可能会打开，但是银监会 5 月 26 日发布《关于鼓励和引导民间资本进入银行业的实施意见》彻底打破了大家的幻想。银行准入权丝毫没有放开，新建银行基本不可能，村镇银行要升级必须找一个主发起行，找一个国有银行当自己的大股东。银监会谈的改革都是银行怎么办，问题是银行不许老百姓自己办。

第三，央行鞭长莫及，只能是制度性约束。6 月 8 日央行降息 0.25%可以说在市场的预料之中，但是扩大存贷款利率的浮动范围却是所有人都没有预料到的。存款上限浮动 10%意味着银行可以稍微高息揽储，贷款下限下调 20%意味着银行可以 8 折放贷，这个步骤很对。但是我认为，步子迈得还可以更大些，不光是取消贷款的利率管制，存款利率管制也应该逐步取消。

第三节　改革只能从现有银行体系外突破

最近支付宝推出了一项新业务，叫余额宝。相信各位读者都有支付宝账户，它不但是网上购物时的支付平台，还可以交电话费、水电燃气费、还信用卡等。一方面你购物时把款打到支付宝账户到确认付款有一个时间差，另一方面平时你账户上面可能会有几十块没用完的闲钱，就是这两个不起眼的东西，8 亿用户攒到一起就有了 300 亿的固定存量。以前这些钱是没有收益的，现在推出“余额宝”就是给你个赚钱的机会，大概能比银行活期利息高 10 倍，而且能随时支取。这本来只是一个普通的民营企业做的支付项目，但现在这个项目却让银行十分紧张，因为银行看到了这背后要求自己改革的力量。

现在银行业已经开始行动起来应对这次“危机”了，但是我现在就可以告诉你，无论如何改注定要流失三大块业务：第一，理财产品定价；第二，个人活期储蓄；第三，中间业务收入。为什么呢？因为支付宝的三板斧让银行无处可逃，当然它不会把银行弄死，只是会让银行很难熬。

支付宝经营成本远低于银行。支付宝卖的基金成本不到银行的30%，银行垄断理财产品的时代一去不复返。支付宝和天弘基金推出余额宝，支付宝收天弘基金0.25%的技术服务费。大家知道类似的货币基金通过银行销售的成本吗？因为目前70%以上的基金都是通过银行销售的，所以银行非常强势，除了收正常的费用外还会有额外的返点回扣什么的。我以华夏基金的货币基金为例，通过银行购买这种基金要交4种费，大概是销售金额的0.88%，这几乎是最低的基金费率了。对于普通的混合型基金，银行对100万元以下的客户收取的费率高达3.75%，500万元以上的收取3%，5万元以下的你就别玩儿了。如果通过支付宝购买呢？无论哪种基金对支付宝来说技术上是一模一样的，最多翻两倍1%了不起了，这也要比银行便宜三分之二以上。

余额宝是支付宝引进的第一个基金，属于最低风险的货币基金。目前还有20多个基金项目正在谈判，如果将来把股票基金、债券基金等理财项目引进来，大家的选择会更多。请问到时候由支付宝提供平台，支付宝或第三方评估风险，客户之间可以直接对接，有谁还会选择让银行盘剥，况且到时候银行还有那么多廉价资金使用吗？

余额宝可能严重影响银行个人活期业务。支付宝能给每人一样优质的服务，二八定律注定了银行服务不好80%的不赚钱的客户。支付宝 6 月 17 日推出余额宝，截至 6 月底已有 251 万客户，金额达 66 亿，平均一个人理财金额是 2629 块钱。这些人在银行是没人理的，因为理财产品是 5 万元起步。不用说别的，251 万人去银行排队办这项业务，每个人用 1 分钟也要 5229 天，1000 家银行办 1 个礼拜才能办完。所以银行不是不愿意服务小客户，而是成本太高，只能选择优质客户服务。但是对支付宝来说做这个事情几乎是零成本。

贷款业务也一样。阿里金融的小额贷款业务平均一单贷款额 6 万元，贷款的人工技术审核的成本只有 2.3 元，如果换作银行做这个事情可能 23 块钱都不够。银行做一单 600 万的贷款和 6 万的成本差别很小，都要实地考察、评估风险，所以银行不愿意做小企业贷款，因为它不赚钱。但这事儿阿里金融来干最合适，因为它有小微企业的经营状况数据。

因为银行必须把有限的资源放在重点客户上，所以穷人市场的流失是必然的，这也正是互联网的优势。以工行为例，2012 年财报显示它的存款余额有 12.6 万亿，其中个人活期有 2.5 万亿，占比 20%，这就是工行最需要担心的客户。截至 2013 年 6 月底，全国有 100 万亿存款，约 20 万亿都是个人活期，因为这 20 万亿在银行的利率只有 0.35%，银行也看不上这些人，不会为他们提供金融理财服务的，因为银行理财的起步价都是 5 万。目前支付宝没有任何利息，它的沉淀资金已有 300 亿，如果利率比银行活期提高 10 倍，20 万亿个人活期存款中有 1%的人把钱放进来那就是 2000 亿元，10%就是 2 万亿。市场之大超乎想象。

银行反击注定无效。银行这回是真着急了，以前是中央逼着地方改但是改不动，现在是它自己主动要改。工行 7 月 13 日组织人员去基金公司考察支付宝的影响。这是破天荒的事情，以前都是基金公司求爷爷告奶奶找银行帮忙买基金，返点之高甚至超过了管理费本身，今天全反过来了，银行是真真切切感受到了危机。7月12日建行发了一篇报告《余额宝又一次改变了银行》，详细分析余额宝的主体架构、业务流程、风险控制、对银行的影响等，最后给出3点建议：要马上推出类似产品、要提高客户满意度、要学习支付宝加强信息技术开发。

我想告诉大家，这些措施注定无效。第一，你没办法改变二八定律，不可能让每个人满意；第二，银行分析的建议是错的，因为支付宝的核心竞争力不是技术多先进。支付宝的核心竞争力是8亿用户的大数据。所以银行不要指望能把客户继续拉来，中间业务收入下跌是必然的。

支付宝的核心竞争力是8亿用户。大家可能不知道，之前就有类似的货币基金理财产品，甚至比“余额宝”兼容性更好，但只能在小圈子里混。

2012年12月众禄基金推出了“众禄现金宝”，可以实现和几十只货币基金直接对接，支持16家银行卡；2013年5月数米基金推出了“数米现金宝”，支持17家银行卡直接对接；余额宝6月17日推出至今只支持8家银行卡。它们之间的功能几乎一模一样，但是为什么你只听说过余额宝却没听说过其他的呢？因为支付宝有8亿客户和它直接对接，别人都没有。所以银行想做类似的业务和支付宝竞争几乎不可能。因此将来银行个人零售业务、理财产品、服务费都将面临危险，随之而来的必然是利润下滑。我建议银行，服务好你剩下的20%的高端客户，只有他们不会流向支付宝。

开放成就了支付宝。支付宝平台已经成了一个准银行，它可以选择成为利益集团的一员，但是它做了对自己、对金融系统更有益的事情——开放平台。银行最基本的业务就是吸收存款、发放贷款，以赚取差价。支付宝在今年 3 月 1 日宣布推出虚拟信用卡业务，其实等于给个人发放贷款；6 月 17 号又推出余额宝，利用远高于活期利息的收益吸引大家存款。至于给企业放贷，它们在 2010 年就已经拿到了小额贷款的牌照。唯一不同的是自己注册一个子公司申请一个基金牌照就够了。

但是支付宝不做银行，它把 8 亿客户的信息开放给银行业，让银行共同竞争。以信用卡为例：2013 年 3 月 1 日，阿里金融宣布推出虚拟信用卡，时隔一个月虚拟卡才推出来。这一个月发生了什么大家知道吗？支付宝和商业银行谈判，条件是我把我的客户信息开放给你，你可以根据他们的富有程度自己选择授信额度，这次首先谈妥的是上海农商行，因为它觉得你在帮我挑选精品客户，没问题，客户觉得它给我授信也没什么不好，又没损失；支付宝怎么赚钱呢？所有用信用卡消费的客户，商家要给他交 1%的手续费，稳赚不赔。支付宝 2012 年的结算金额 1.77 万亿，如果明年 1%的人在支付宝上用这种信用卡消费，那就意味着 1.77 亿的无风险收益。

理财产品也是同样的道理。支付宝自有沉淀资金 300 亿元，全拿去存定期能赚 10 个亿。但是把支付宝平台开放给基金后，我相信做到 1 万亿规模应该用不了几年，1 万亿它抽 0.5%就是 50 亿元，同样没有任何风险。以后银行都可以利用这个平台和基金对接，银行间的竞争不就形成了吗？

支付宝让银行改革立马启动。银行改革共有八次，但没有一次能触动利益集团。1984 年到 2002 年的四次改革都是在给银行输送利益：1984 年，打破原来的分工，大家可以扩张地盘；1993 年，给银行自由，进行企业化改革；1997 年，剥离了 1.4 万亿不良资产；2002 年，股份制改造，银行上市圈钱。

2007年以来的四次改革银行翅膀变硬，不听管教了。2007年，全国金融工作会议提出三个改革方向——政策性银行改革，发展农村金融，建设现代银行制度——但都没什么效果。2012年，全国金融工作会议上温家宝总理提出八项部署，至今一个都没落实（举例：支持小微企业、加强农村金融服务、规范地方政府举债机制等）。2012年温州的金融改革和深圳前海的金融创新都不了了之。

银行的宠物经济学家们说，利率市场化政府最先受不了，10万亿地方债利率升一个百分点就是1000亿。市场化以后我们银行只放贷给赚钱的项目，地方政府这种不赚钱的基础投资我们就不投了，意思是真正市场化以后你就管不住我了。可见何其猖狂！

正是因为过去改革的无效，支付宝第一次真正触动了利益集团，当然，它的背后一定有强力的领导在支持，否则不可能先上车后买票，不可能有人民网这样的媒体为它站台助威。

改革继续下去可能会削减银行60%的利润！截至2013年6月底，银行100万亿存款中约20万亿是居民活期存款，利息只有0.35%，过去他们没得选择，现在他们成了最容易流失的客户。你知道这20万亿每年为银行带来了多少利润吗？按照一年期贷款利率6%计算，这是最低的贷款利率了，20万亿每年为银行带来1.13万亿净利息收入（20万亿×（6%-0.35%）=1.13万亿）。

2012年16家银行的净利息收入一共才2.04万亿，也就是说这20万亿活期储蓄如果离开了，银行利润至少要下降60%以上，因为这是银行成本最低的资金。

银行表外业务一定会降温。银行表外业务的增长不用多说，去年已经达到7.6万亿，几乎和银行贷款持平。今年前五个月理财产品规模达到4.6万亿，同比增长138%，超过同期银行贷款，几乎处于失控状态。为什么呢？因为房地产、地方政府不能从正常渠道获得贷款，所以成立各种信托基金找银行弄钱，因为除了银行找不到第二个有钱人。但以后不一样了，只要你回报高、风险可控，可以直接和支付宝去谈，而且融资手续费比银行便宜70%，目前已经有20多个基金在谈了。

最后，银行界只能无可奈何接受现实。民生银行行长洪崎说："阿里做金融是对银行界的重大挑战，它将侵蚀银行零售业务的一大块。"交通银行董事长牛锡明说："作为我们商业银行的经营者来讲，我深切感觉到互联网金融的发展会彻底颠覆传统商业银行的经营模式、盈利模式和生存模式。这需要我们做出变革。"

这篇文章是余额宝刚推出来时写的，当时天弘基金积累的资金只有66亿，我们预见到它要迅速壮大。果不其然，到11月它已经成为全国最大的基金，也是唯一一个规模过千亿的基金，用户突破3000万，累计年化收益4.87%，比银行活期存款利率高13.9倍。这不是余额的终点，也不是支付宝的最终理想，我们更期望的是通过这些银行外的金融机构推动银行内部的变革。十八届三中全会后已经有44家民营银行向工商总局提交了申请，打破银行垄断、推动银行业竞争已经是箭在弦上，金融改革的大幕已经拉开。我们不希望看到"余额宝"们就此止步，就此被四大行，银联、银监会等既得利益者封杀。

延伸阅读

中国 3D 打印的未来

3D 打印自问世 30 多年来，一直在特定领域有所发展，而未能得到更为广泛的普及，这和缺乏成熟的商业模式有关。

在大众消费领域，3D 照相馆、3D 创客正在国内推开，杭州、北京、西安、上海、武汉等城市都有 3D 照相馆陆续开张。对于如何将 3D 打印技术运用到大众消费级领域，目前还缺乏一个成熟的商业模式。不仅在大众消费领域，在工业领域、生物工程领域，也都同样存在这个问题。

传统工业企业的商业模式是生产设备卖设备，不管市场用户的需求是否打开，先把设备生产出来再去推销。据有关咨询报告显示，截至 2011 年，全球累计销售 4.9 万台工业级 3D 打印机，其中近四分之三由美国制造，以色列和欧洲国家的份额分别为 9.3%和 10.2%，中国生产的设备仅占 3.6%，与日本相当。

目前，3D 打印这个行业还是沿袭了传统工业的老路。看来这条路肯定是走不通的。要不然，30 多年来，国内 3D 打印技术的产值怎么才区区 3 亿美元，而全球也才 30 亿美元呢？一个很重要的原因就是：这个行业目前还缺乏成熟的商业模式引领。

传统模式存在严重的发展瓶颈，另寻他途就是当下难题。商业应用“突围”之前，先梳理其目前的应用，以提供全新的思路，很有必要。

（本文摘选自罗军的《中国 3D 打印的未来》）

图书在版编目（CIP）数据

郎咸平说：萧条下的希望 / 郎咸平，马行空 著. —北京：东方出版社，2013. 10
ISBN 978-7-5060-6958-8

Ⅰ. ①郎… Ⅱ. ①郎… ②马… Ⅲ. ①中国经济—经济发展—研究 Ⅳ. ①F124

中国版本图书馆 CIP 数据核字（2013）第 247964 号

郎咸平说：萧条下的希望
（LANG XIANPING SHUO：XIAOTIAOXIA DE XIWANG）

作　　者：郎咸平　马行空
责任编辑：申　浩
出　　版：东方出版社
发　　行：人民东方出版传媒有限公司
地　　址：北京市东城区朝阳门内大街 166 号
邮政编码：100706
印　　刷：北京中科印刷有限公司
版　　次：2014 年 7 月第 1 版
印　　次：2014 年 7 月第 1 次印刷
印　　数：1—100 000 册
开　　本：710 毫米×1000 毫米　1/16
印　　张：16
字　　数：200 千字
书　　号：ISBN 978-7-5060-6958-8
定　　价：39. 00 元
发行电话：（010）64258117　64258115　64258112